Progetto grafico: Elisa Agazzi
Editing: Elena Bolognesi

Immagini di copertina:
Dejan Gileski / Shutterstock (in alto)
Gkuna / Shutterstock

Finito di stampare nel gennaio 2016
da Pazzini Stampatore Editore srl, Villa Verucchio (Rn)
per conto di Fondazione Terra Santa

Per informazioni sulle opere pubblicate
e in programma rivolgersi a:

Edizioni Terra Santa
Via G. Gherardini 5 - 20145 Milano (Italy)
tel.: +39 02 34592679 fax: +39 02 31801980
http://www.edizioniterrasanta.it
e-mail: editrice@edizioniterrasanta.it

ISBN 978-88-6240-332-0

Pietro A. Kaswalder

Escursioni bibliche

IN TERRA SANTA

Fotografie di Rosario Pierri

eTs

Introduzione

Vede la luce questo atteso volume che raccoglie una serie di escursioni biblico-archeologiche pubblicate in un primo momento sulla rivista *Terrasanta* e qui riprese con l'aggiunta di ulteriori annotazioni e di un ampio apparato fotografico. La pubblicazione programmata si è interrotta a causa del decesso improvviso dell'autore, quindi non si tratta di un lavoro sistematico e completo: non è una guida della Terra Santa. Si tratta invece di escursioni biblico-archeologiche "facilitate" e rese accessibili a tutti dalla perizia dell'autore, docente di geografia biblica e guida degli studenti dello Studium Biblicum Franciscanum (SBF) nelle loro uscite quindicinali. I luoghi qui descritti e presentati non fanno parte di quelli che si visitano durante un normale pellegrinaggio. Il volume servirà quindi come complemento in vista di futuri approfondimenti o di ulteriori visite alla Terra Santa. Dello stesso autore sono attualmente in preparazione due volumi postumi di introduzione storico-archeologica rispettivamente alla Samaria e a Giudea e Neghev. In queste future pubblicazioni si troveranno informazioni più complete e dettagliate riguardo ai siti e agli itinerari.

Il presente lavoro vuole essere un atto di riconoscenza e di omaggio nei confronti del prof. padre Pietro Kaswalder, che ha impegnato gran parte della sua vita a formare gli studenti dello SBF e a condurre i pellegrini alla visita della Terra Santa.

La disposizione della materia è quella classica, dal nord al sud della Terra Santa: Galilea, Samaria, Giudea e Neghev. Per la *Galilea* vengono illustrati i suggestivi siti di Bet Alfa (con la famosa sinagoga mosaicata con il motivo dello zodiaco) e Bet Shean, con le imponenti rovine di epoca romano-bizantina. Bet Alfa e Bet Shean sono due gioielli che si trovano all'incrocio tra la valle del Giordano e la valle di Esdrelon. Il lettore viene guidato alla scoperta di quello che viene considerato dalla tradizione rabbinica il paradiso d'Israele.

Merita una menzione particolare l'illustrazione di Cesarea Marittima, capitale della provincia di Giudea al tempo di Erode, i cui maestosi resti testimoniano uno splendore che va dal periodo persiano all'epoca dei crociati (IV secolo a.C. – XII secolo d.C.). Sono ben visibili i resti del periodo erodiano (in particolare il porto, il teatro, l'ippodromo, l'acquedotto e il palazzo di Erode), del periodo bizantino (le terme, una prima chiesa) e della più recente epoca crociata, fra le quali risalta la cittadella costruita fra il 1251 e il 1252 dal re Luigi IX.

Samaria è, al tempo stesso, il nome della regione e dell'antica capitale del regno d'Israele. A Shilo si rammenta la presenza dell'Arca dell'Alleanza e della Tenda del Convegno che rimandano alle figure di Giosuè e del profeta Samuele. La presenza dell'Arca e della Tenda del convegno segna gli inizi dell'insediamento di Israele nella Terra promessa. Giosuè e il sommo sacerdote Eleazaro proprio a Shilo completarono la distribuzione della terra alle cinque tribù della Galilea, di Beniamino e Simeone. Durante l'epoca dei Giudici, Shilo era il santuario di riferimento per il culto. Sul Monte Garizim si ricordano eventi centrali della storia di Israele, tra cui lo scisma dei samaritani. Fra i resti cristiani qui rinvenuti sono notevoli quelli della basilica della *Theotokos* (Madre di Dio), costruita nel 484, che con ogni probabilità sostituì il precedente tempio samaritano.

I resti della città di Samaria/Sebaste di epoca ellenistico-romana e bizantina sono davvero degni di nota. Ricostruita dal governatore romano Gabinio nel 57-55 a.C., la città fu successivamente trasformata da Erode il Grande in una metropoli intitolata Sebaste (Augusta) in onore di Cesare Augusto. In epoca cristiana Sebaste fu elevata a sede episcopale. Qui la tradizione cristiana venerava le reliquie di Giovanni Battista già prima del IV secolo. Questi resti si sommano a quelli della città israelitica, posti sull'acropoli, definita dal profeta Isaia come "corona superba" e "splendido ornamento" (28,1-6).

La visita di Tell Balata (la biblica Sichem) mostrerà le vestigia di un sito le cui origini si perdono nella notte dei tempi. Sono notevoli i resti della grande *massebah* (stele) e delle mura ciclopiche che risalgono al periodo del Medio Bronzo (1800-1600 a.C.).

Gran parte del volume è dedicata alla *Giudea*. La visita inizia dalla collina di Ghezer, città che, in epoca biblica, era considerata il granaio di Israele. Nel sito fu rinvenuto il cosiddetto Calendario di Ghezer, un'iscrizione risalente al X secolo a.C., uno dei più antichi documenti epigrafici della lingua ebraica. Ci si dirige poi ad Ascalon, con le mura cittadine delle diverse epoche, la basilica civile di età romana e una piccola chiesa costruita in epoca bizantina e ampliata nel periodo crociato. La visita seguente tocca Beit Shemesh (la città del sole) e Lachish, sito da cui provengono numerosi ostraca in lingua ebraica. In questa regione si sono svolti alcuni episodi molto noti della storia biblica, tra cui le avventure di Sansone e Dalila; la sfida tra il giovane Davide e il gigante Golia nella valle del Terebinto; la distruzione delle città (Eshtaol, Zorea, Timna, Azeca, Adoraim, Maresha, Eglon, Gath) ad opera prima del re assiro Sennacherib (702 a.C.) e poi del babilonese Nabucodonosor (598 a.C.). Segue la visita di Gerico (Tell as-Sultan), la città più antica del mondo, e si prosegue verso il deserto di Giuda, costeggiando il mar Morto, con la visita della fortezza di Masada, estremo baluardo degli zeloti nella prima rivolta contro il potere di Roma. Molto suggestive sono le visite di Qumran – dove sono ubicate le grotte nelle quali furono rinvenuti i più antichi manoscritti biblici – e dell'oasi di Eyn Gedi, anticamente rinomata per la produzione del balsamo. Di sicuro impatto, in quest'ultimo sito, sono i resti del magnifico mosaico che adornava la sinagoga di epoca bizantina. Altre escursioni illustrano i siti di Ramleh e Lod, Beit Jibrin (con imponenti resti di un anfiteatro romano risalente al 200 d.C.) e Maresha, con le magnifiche tombe decorate. Con Taybeh (l'antica Efraim ricordata anche in Gv 11,54) e Khan el Akhmar (identificato con l'antico cenobio di sant'Eutimio il Grande) ritorniamo ai margini del deserto. Questa parte del volume si conclude con la visita di Tel Aviv-Giaffa (Tell Qasileh e l'antica Giaffa) e con note sulla cultura materiale filistea.

Le escursioni nel *Neghev* seguono, in particolare, le vestigia cristiane di epoca bizantina. Si inizia dal sito di Arad sulla cui sommità sono state scavate due città, una risalente al Bronzo Antico (3200 a.C.) e una al periodo israelitico (1000-586 a.C.). Poco lontano è possibile visitare la città nabatea di Mampsis, che preserva alcune preziose memorie cristiane. Be'er Sheva, la "città dei patriarchi" considerata il capoluogo del Neghev, nei testi biblici è menzionata spesso come confine meridionale della Terra d'Israele, secondo l'espressione «da Dan a Bersabea». La visita del Neghev termina con i siti di Nizzana e Avdat. In questa sezione il lettore viene informato sulla cultura dei nabatei, che furono gli antichi abitanti di questa regione.

Un ricco apparato di immagini commentate facilita la lettura e la comprensione del testo provvedendo un facile accesso anche ai non specialisti. Il lettore si sentirà condotto per mano alla scoperta dell'ambiente biblico nel quale si troverà a suo agio. Da parte mia auguro al volume la fortuna e l'attenzione che merita. Sono certo che gli appassionati cultori della Sacra Scrittura, in particolare dell'ambiente biblico, sapranno apprezzare questo sussidio e saranno grati all'autore per la sua chiarezza e semplicità.

Massimo Pazzini, ofm
Studium Biblicum Franciscanum, Gerusalemme
Facoltà di Scienze Bibliche e Archeologia

▶ Eyn Avdat

Scalinata bizantina, scavata dagli eremiti che abitavano le grotte sopra la gola di Nahal Tzin.
(© Oleksandr Lysenko/Shutterstock)

Ga

Acri
Galilea
Cafarnao
Lago di Tiberiade
Tiberiade
Mt. Carmelo
Nazaret
Mt. Tabor

Bet Shean

Samaria

Giordano

Gerusalemme
Betlemme

Giudea

Mar Morto

SCIA
AZA

BET ALFA E BET SHEAN

Bet Alfa e Bet Shean sono i due gioielli che si trovano nella zona pianeggiante all'incrocio tra la valle del Giordano e la valle di Esdrelon. La sinagoga, la città semitica, il periodo ellenistico, fino all'arrivo del cristianesimo... alla scoperta di quello che viene considerato il paradiso d'Israele.

◄ La città dei mercenari sciti

Panorama della città di Bet Shean: si riconoscono le terme occidentali, la strada di Palladio e il Tell al-Husn. Durante il periodo ellenistico, la città assunse il nome di Scitopoli (Scythopolis), forse perché vi si erano stabiliti dei veterani sciti (popolazione seminomade probabilmente di origine iranica) al termine del servizio come truppe mercenarie.

La regione intorno a Bet Shean, la nota città che prese il nome di Scitopoli in epoca ellenistica, ha visto fiorire e fondersi nel tempo diverse culture. Si trova all'incrocio tra la valle del Giordano e la valle di Esdrelon, in una posizione strategica favorevole al continuo transito di merci, eserciti e gruppi migratori, che ne hanno determinato il carattere cosmopolita. Questa vocazione all'incontro e allo scambio si riflette nella storia millenaria delle città che vi sono sorte, Bet Shean in primo luogo, e poi Tel Rehov, Jizreel, Bet Alfa, per ricordare solo i centri principali.

La pianura di Bet Shean è fertile e ricca d'acqua, che sgorga abbondante dalla sorgente di Gedeone. Se a tali condizioni vantaggiose si aggiunge il clima particolarmente mite, si intuisce perché fin dall'antichità più remota sia stata scelta dall'uomo per abitarvi. Il rabbino Resh Lakisch nel *Talmud* scrive: «Se il paradiso si trova in terra di Israele, Bet Shean ne è la porta».

Risale all'epoca ellenistica il mito secondo cui la città fu fondata da Dioniso, come testimonia il nome di Nysa-Scitopoli. Nysa era la nutrice di Dioniso e secondo la leggenda, riportata da Plinio il Vecchio, fu seppellita a Bet Shean. Un altro mito fa derivare il nome Scitopoli dai soldati sciti ricordati nel mito di Ifigenia e Tauros. Stando a tale leggenda, questi mercenari decisero di non ritornare più nella loro patria, cambiarono il nome di Bet Shean in Scitopoli, ossia "la città degli sciti", e introdussero nella regione la coltivazione dell'uva. Il nome semitico Baysan è stato ripristinato in epoca araba secondo una prassi che ha riguardato alcune città della Palestina. Oggi la pianura di Bet Shean custodisce due fiori all'occhiello tra i siti turistici israeliani: la sinagoga di Bet Alfa e la città parzialmente ricostruita di Scitopoli.

Bet Alfa

Il *kibbutz* di Bet Alfa si trova nella valle di Esdrelon ai piedi dei Monti di Gelboe. Conserva i resti di una sinagoga con mosaico e iscrizioni. L'edificio sinagogale, in base all'iscrizione dedicatoria, risale al VI secolo. Lo scavo dell'edificio sacro fu eseguito negli anni 1928-1929 da E.L. Sukenik. La costruzione è a pianta basilicale (17 x 24 metri), con una piccola abside orientata verso sud, in direzione di Gerusalemme. Era dotata di atrio, nartece e di tre porte di ingresso sul lato nord. Le tre navate sono separate da due file di colonne; sono presenti le bancate per il pubblico e una galleria per le donne. L'abside conteneva l'*Aron Qodesh* o armadio della *Torah*. Sotto il pavimento della nicchia sono stati trovati i resti della *genizah*, il deposito dei libri sacri non più adoperati.

Tutto il pavimento della sinagoga era mosaicato. La navata centrale contiene una scena biblica e lo zodiaco; nelle navate laterali i pannelli presentano motivi floreali, naturalistici e geometrici, con uccellini, pesci, fiori, rombi e una rete. All'ingresso dell'aula centrale si leggono due iscrizioni dedicatorie affiancate da leoni. L'iscrizione in greco recita: «Siano ricordati gli artigiani che hanno portato a termine quest'opera, Marianos e suo figlio Haninah». La seconda iscrizione in aramaico è incompleta ma permette di fissare la data della costruzione tra

BET ALFA

▲ Giudaismo

Sinagoga di Bet Alfa, navata centrale. In primo piano l'iscrizione aramaica che menziona l'imperatore Giustino I (circa 517-528 d.C.). Più in alto: l'iscrizione in greco che ricorda gli artisti Marianos e Haninah. Nello stesso pannello musivo è presente lo zodiaco, simbolo del tempo, motivo pagano che viene consacrato a Dio.

il 517 e il 528 d.C.: «Questo mosaico fu completato nell'anno del regno dell'imperatore Giustino...».

Il primo pannello del mosaico raffigura la scena del Moria, o *Aqedat Yitzaq* («legatura di Isacco», Gen 22,1-19): Abramo è ritratto nell'atto di sacrificare il figlio Isacco. La scena è fedele al racconto biblico. Vi compaiono l'asino, i servi, l'ariete impigliato con le corna in un cespuglio, un altare dove brucia la legna. Al di sopra, in posizione centrale, compare la mano di Dio, che esce da una nuvola con raggi luminosi. Una fila di palme stilizzate, che forse raffigurano le stelle della volta celeste, corona tutta la scena.

Nel secondo pannello al centro dell'aula si trova lo zodiaco, dove si vede raffigurato il sole, Helios, sul carro; i dodici raggi radiali riportano i nomi dei segni zodiacali in aramaico; le quattro stagioni (*Nisan, Tammuz, Tishri, Tebet*) sono poste nei quattro angoli della composizione.

▶ **Avamposto del faraone**

Palazzo egiziano ricostruito sull'acropoli di Tell al-Husn (XV-XIII secolo a.C.). In seguito alla vittoria riportata da Tutmosi III a Meghiddo, Bet-Shean passò probabilmente sotto la dominazione dell'Egitto. I reperti archeologici indicano che fu un avamposto egiziano durante il regno di diversi faraoni. A destra: la stele di Seti I rinvenuta negli scavi di A. Rowe (1930). L'inizio del racconto recita: «Il miserabile nemico che è nella città di Hamat raduna intorno a sé molta gente; prende la città di Bet Shean e assieme a quelli di Pella non permette al principe di Rehob di uscire».

BET SHEAN

Nel terzo pannello musivo, l'*Aron Qodesh* è rappresentato insieme a oggetti cultuali del giudaismo, e cioè il *paroqet* (velo dell'arca), l'arca della *Torah*, il *Ner Tamid* (lampada perenne), due *menorot* (candelabri), due *shofarot* (corni di montone), due *lulavim* (rami di palma), l'*etrog* (cedro), la paletta dell'incenso e due leoni di guardia.

Bet Shean, la città semitica

Gli scavi di Bet Shean (Tell al-Husn), eseguiti tra il 1921 e il 1933 dall'Università di Pennsylvania (C.S. Fisher, A. Rowe, G.M. Fitzgerald), hanno svelato che l'inizio dell'insediamento umano nell'area corrispondente risale al IV millennio a.C. e che il sito non è mai stato abbandonato.

I ritrovamenti principali riguardano la cittadella egiziana del Tardo Bronzo (1500-1200 a.C.). Il palazzo del governatore e il tempio presentano alcune fasi di occupazione legate alle campagne militari dei faraoni Tutmo-

si III, Seti I e Ramses II. La stele di Seti I ricorda la repressione di una ribellione delle popolazioni locali, tra cui gli *hapiru*, i progenitori degli ebrei dell'Antico Testamento.

A questa città fanno riferimento alcune fonti egiziane (*Lettere di el-Amarna*) e la Bibbia. In epoca biblica Bet Shean rientrava nel distretto salomonico di Jizreel. L'episodio della fine di Saul, ambientato a Bet Shean, è uno dei più tragici dell'Antico Testamento. Il re Saul e i suoi tre figli tra cui Gionata, fedele amico di Davide, furono uccisi dai filistei sulle vicine Montagne di Gelboe. I cadaveri della famiglia reale furono appesi alla porta della città, mentre le armi e la corona reale andarono ad arricchire il tesoro del tempio di Ashtarte (1Sam 31,8-10).

Scitopoli, la città ellenistica

La città rinacque nel III secolo a.C., col nome di Nysa-Scitopoli, durante la dominazione dei tolomei, e continuò a fiorire sotto il dominio dei seleucidi. Furono i mercenari sciti di Tolomeo II Filadelfo (283-245 a.C.) a introdurvi il culto di Dioniso e la coltivazione dell'uva. Nel 63 a.C. Pompeo riconobbe il carattere ellenistico di Scitopoli e la inserì nella Decapoli. L'iscrizione della statua di Marco Aurelio presentava i titoli della città: «Scitopoli città santa, luogo di asilo, città greca della Coele-Syria».

Il prestigio di Scitopoli raggiunse il suo apice verso il 400 d.C., quando l'amministrazione bizantina la elevò a capitale della *Provincia Palaestina Secunda*, che governava la valle di Esdrelon, la Galilea e il Galaad. L'amministrazione omayyade revocò il ruolo amministrativo di Scitopoli, che da quel momento iniziò un lento declino. La fine della città, tuttavia, fu causata dal terremoto del 749, che distrusse tutte le città di Siria-Palestina.

Gli scavi di Scitopoli sono stati condotti a più riprese ma l'intervento principale ebbe inizio nel 1980 (Y. Tsafrir). Grazie a questi scavi è stato messo in luce l'intero centro storico della città ellenistica (II-I secolo a.C.), romana (I-IV secolo d.C.), bizantina (V-VII secolo d.C.) e araba (VIII secolo d.C.), per una successione di tempo che copre quasi dieci secoli.

I monumenti principali di Scitopoli sono, nell'ordine: il teatro, l'arena, le strade colonnate, i templi, le terme. Il teatro romano risale al II secolo d.C., ha un diametro di 110 metri e può

▲ **Tempio delle arti**

Il teatro romano risale al II secolo d.C. e ha un diametro di 110 metri. Può contenere circa 8 mila spettatori. È stato parzialmente ricostruito e viene usato con regolarità anche oggi. Si tratta del monumento più imponente della città, seguito dall'arena che poteva contenere fino a 6 mila persone.

contenere 8 mila spettatori. È stato parzialmente ricostruito e viene usato con regolarità ai nostri giorni per spettacoli teatrali. L'anfiteatro o arena (67 x 102 metri) aveva una capienza di 6 mila spettatori.

La strada di Palladio, larga 7,20 metri, separa il teatro dalle terme e lo unisce con l'area dei templi verso est. L'iscrizione dedicatoria dice: «Al tempo di Palladio figlio di Porfirio, glorioso governatore, fu costruita la magnifica stoà con i suoi mosaici». Sul fianco nord della via colonnata fu aggiunta una piazza semicircolare, mentre il lato sud si affaccia sull'area dell'agorà. Una seconda strada è dedicata a Silvano, avvocato di origine samaritana della città. Corre a fianco della basilica civile come prolungamento del cardo massimo (la Via della Valle) e raggiunge l'arena.

I templi di Scitopoli erano almeno quattro. Sull'acropoli sorgeva il tempio dedicato a Zeus Akraios (22 x 37 metri), mentre all'incrocio delle strade del fondovalle si trova il grandioso tempio di Dioniso. Il podio, al quale si accede mediante una scalinata, aveva un pronao tetrastilo le cui colonne monolite misurano 1,3 x 9,3 metri. L'iscrizione dedicatoria di Seleuco recita: «Per buona fortuna, Seleuco figlio di Aristone, dedicò in ringraziamento al dio, signore Dioniso, il fondatore. Nell'anno 75» (= 12 d.C.). Dai resti monumentali, dalle statue marmoree e dalle dedicazioni di altari sappiamo dell'esistenza nella città di

SCITOPOLI

▲ Nysa-Scitopoli, centro della Decapoli

Le terme della zona ovest, formate dalle sale per la ginnastica,
le esedre e il complesso del *calidarium*. Le rovine di Scitopoli
appaiono imponenti e testimoniano lo splendore della città
nel periodo ellenistico.

◄ Impianto viario

La strada di Palladio figlio di Porfirio, governatore di Scitopoli,
vista dall'acropoli. I monumenti principali della città sono il teatro,
l'arena, le strade colonnate, i templi e le terme.

▲ Mosaici

La *Tyche* di Scitopoli nel mosaico della piazza semicircolare. La divinità porta la cornucopia, simbolo e augurio di fecondità. In età ellenistica, la dea era considerata il nume della prosperità delle città e degli Stati.

templi dedicati a Demetra, a Serapide e a Hermes.

Accanto al tempio di Dioniso si trova il ninfeo largo 23 metri e alto 13, nei cui pressi c'è l'accesso alla basilica civile (30 x 70 metri). Tutti i monumenti pagani sono stati costruiti nel I e nel II secolo d.C. L'abbondanza d'acqua permetteva alla città di avere due stazioni termali, una a occidente e una a oriente. In epoca cristiana, dopo il VI secolo, furono trasformate in ospedali, come documenta l'iscrizione: «Teodoro il pastore, si occupò di rinnovare i bagni per coloro che sono affetti dalla malattia della lebbra, al tempo dell'indizione settima, anno 622 (= 558 d.C.)».

Scitopoli cristiana

Sul finire dell'età romana la città divenne cristiana. Il primo martire locale fu Procopio, seguito da Tommaso, lettore e traduttore in lingua siriaca. A Procopio fu dedicata la grande basilica circolare che sorge sull'acropoli (diametro di 38,8 metri).

Sul versante culturale spicca la figura di Cirillo di Scitopoli, lo storico che ha lasciato testimo-

LA DECAPOLI

Il nome Decapoli, coniato da Plinio il Vecchio verso il 79 d.C., fa riferimento a una confederazione di città, a popolazione prevalentemente greco-romana, che Pompeo nel 63 a.C. liberò dalla dominazione degli Asmonei. Tra le più note, Plinio menziona Damasco, Pella, Scitopoli, Gadara e Gerasa. Questi centri godevano di alcuni privilegi: un governo cittadino, una propria moneta, diritto d'asilo, possibilità di allearsi per difesa o per commercio. Erano tenuti ad accogliere le legioni romane: il generale Vespasiano, infatti, svernò a Scitopoli dopo la prima fase della guerra in Galilea (67 d.C.).

nianze preziose sul monachesimo palestinese. Si devono a lui le *Vite* di Ciriaco, Eutimio, Teodosio, Saba, Teognio e di altre figure di rilievo. Nel quartiere settentrionale sono stati scavati alcuni edifici ecclesiastici, tra cui il monastero della Signora Maria e di suo figlio Massimo, il monastero di Abba Giustino, quello di Tommaso e Basilio e le cappelle dedicate ai Martiri e ad Andrea.

All'amministrazione bizantina risalgono le ricostruzioni realizzate dopo il terremoto del 363 d.C. e gli ultimi interventi sulla planimetria urbana. Lo testimoniano le iscrizioni che riportano i nomi di governatori e vescovi della *Palaestina Secunda*, tra cui Ablabio, Anoisio, Flavio Artemidoro, Teodoro, Flavio Sergio, Arsenio, Severo Alessandro, Flavio Oreste, Anastasio, Emi-

▶ **Bacco e Dioniso**

Tempio di Dioniso, capitello corinzio. Al centro il volto di Bacco, compagno inseparabile di Dioniso.

liano, Leone, Silvino e Silvano. Coerente con il suo innato cosmopolitismo, Scitopoli includeva un quartiere giudeo e uno samaritano. Lo conferma la scoperta nel quartiere settentrionale di due sinagoghe decorate con mosaici e iscrizioni. In una sono ricordati, per una felice coincidenza, Marianos e Haninah, i due mosaicisti di Bet Alfa. La seconda sinagoga si trova accanto alla villa di Leonzio Klubas, un facoltoso giudeo amante della mitologia greca, tanto da farsi raffigurare come Ulisse sedotto dalle sirene.

Cesarea Marittima

Mt. Carmelo
Nazaret
Mt. Tab

Tit

G

Samaria

Tel Aviv-Giaffa

STRISCIA
DI GAZA

ISRAELE

CESAREA MARITTIMA

GLORIA DELLA GIUDEA

Cesarea Marittima, capitale della provincia di Giudea al tempo di Erode, è stata uno snodo commerciale dell'impero romano e uno dei centri più importanti della fertile pianura di Sharon, fiorente anche al tempo dei crociati, tra il mare e le alture di Gerusalemme. La storia di Cesarea Marittima (o di Palestina) è lunga quindici secoli, dal periodo persiano all'epoca dei crociati (IV secolo a.C.-XII secolo d.C.). Fenici, Erode il Grande, romani, bizantini e crociati, tutti hanno contribuito a costruire la sua gloria. Per raggiungere questo gioiello archeologico si prende la discesa della valle di Bet Horon, che inizia a Gabaon (el-Jib) e termina nella valle di Ayyalon. La deviazione verso nord conduce ad Antipatride e poi a Cesarea Marittima. È questa la città rinnovata da Erode il Grande e trasformata da Roma nella capitale della provincia di Giudea. *Colonia Prima Flavia Augusta Caesariensis* fu il titolo che le conferì Vespasiano nel 71 d.C.

Si percorre così l'antica via "asfaltata" dai romani per avere un accesso diretto tra la pianura costiera,

◄ **Da porto erodiano a città crociata**

Archi ricostruiti di edifici crociati dentro la cittadella di Luigi IX. Finora gli scavi hanno messo in luce una parte consistente della città erodiana, bizantina e crociata. Ci sono poi le strutture sommerse del porto erodiano, ritrovate di recente dalle missioni archeologiche subacquee.

lo Sharon, e la montagna di Gerusalemme. Cesarea Marittima era nata col nome di Torre di Stratone nel corso del IV secolo a.C. ad opera di commercianti fenici di Sidone. Ci informa al riguardo Zenone di Alessandria (259 a.C.), che sbarcò proprio a Torre di Stratone, dove iniziò il suo viaggio di esattore delle tasse per conto di Tolomeo II Filadelfo.

La vocazione commerciale di Cesarea cambiò improvvisamente quando Erode il Grande la rifondò (20-10 a.C.), facen-

▼ L'ippodromo sul mare

A ridosso del palazzo reale si estende l'ippodromo, lungo 250 metri e largo 50. Si calcola che potessero assistere alle corse, che attiravano pubblico anche da lontano, circa 10 mila spettatori. A nord e a est dell'ippodromo sorge la zona della città bizantina. Le terme pubbliche d'epoca bizantina sono riccamente decorate da marmi policromi.

CESAREA MARITTIMA

dola diventare il porto di collegamento del suo regno con l'impero romano, cioè con Asia Minore, Grecia e Italia. La intitolò a Cesare Augusto, l'imperatore che lo aveva elevato al rango di re dei giudei. Gli interventi architettonici realizzati da Erode sono descritti da Giuseppe Flavio, che ricorda la costruzione di teatro, anfiteatro, agorà, reggia o palazzo del promontorio, odeon, ninfeo, terme, piazze e strade; e ancora del porto, con il faro dedicato a Druso figlio di Augusto e amico

personale di Erode, dei depositi delle merci, del tempio intitolato alla dea Roma e all'imperatore Augusto. «Ma il re, piegando al suo volere la natura con opere costose, costruì un porto più grande del Pireo e nei suoi recessi apprestò altri profondi ormeggi. Sebbene avesse contraria la natura del luogo si batté contro ogni difficoltà, sì che la robustezza dell'impianto sfidava la violenza del mare, mentre la sua bellezza era stata realizzata come se nella costruzione non si fossero avute difficoltà da superare»: così scrive lo storico giudeo riguardo alle strutture marittime costruite dagli ingegneri di Erode.

A Cesarea Marittima avvengono episodi di rilievo a cominciare dal I secolo d.C. Dall'anno 6 fu la sede del *Praefectus Iudeae* e dal 44 del *Procurator* romano. A questa fase appartiene l'iscrizione di Ponzio Pilato, *Praefectus Iudeae*, che aveva dedicato un edificio pubblico all'imperatore Tiberio Cesare: è il *Tiberieum* del quale si parla nell'iscrizione trovata da A. Frova (1959) negli scavi del teatro romano.

Negli anni seguenti il cristianesimo si diffuse tra i pagani della città. È noto l'episodio della conversione del centurione romano Cornelio narrata negli Atti degli apostoli, cap. 10. Negli anni 45-58 d.C. Paolo si imbarcò a Cesarea per l'Asia Minore (At 9,30); rientrò a Cesarea dal secondo viaggio apostolico (At 18,22); vi dimorò due anni in attesa del processo da celebrarsi a Roma (At 23,23-26,32).

Nel 66 d.C. scoppiarono tumulti tra i giudei della città e i soldati romani. La feroce repressione dei romani innescò la prima rivolta giudaica contro Roma (66-72 d.C.), che ebbe conseguenze tragiche per tutta la terra di Israele. Dopo la morte di Nerone le truppe romane acclamarono imperatore Flavio Vespasiano, il generale incaricato di reprimere la ribellione dei giudei (69 d.C.).

CESAREA MARITTIMA

Nel II e III secolo d.C. si assiste all'epopea dei martiri di Cesarea; tra loro sono ricordati Prisco, Marino e Adriano. Nel 190 un sinodo locale decretava la nuova data della Pasqua cristiana: non più il 14 di *Nisan*, ma la prima domenica successiva. Verso il 230 d.C. giunse a Cesarea il grande esegeta alessandrino

◀ *Titulus*

Copia dell'iscrizione di Ponzio Pilato nei pressi del teatro. Il titolo rimanda alla funzione militare (*Praefectus*) del governatore della Giudea. Si menziona il *Tiberieum*, edificio dedicato a Tiberio Cesare e non ancora identificato.

◀ Le terme di età bizantina

Dettaglio del mosaico delle terme bizantine. Tra le strutture già
identificate dalle varie campagne di scavo, ma non ancora aperte
alle visite, si ricordano le mura e le porte bizantine, il circo
(90 x 480 metri, che poteva contenere 30 mila spettatori)
e un anfiteatro risalente al II secolo d.C. nel settore nord-est della città.

▼ La basilica di S. Pietro

Esterno delle absidi della basilica crociata intitolata a san Pietro.
La costruzione medievale sostituì la basilica ottagonale d'epoca
bizantina costruita sopra il tempio pagano dedicato alla dea Roma
e al divo Augusto.

CESAREA MARITTIMA

Origene, che si avvalse della biblioteca pubblica per le ricerche sul testo biblico (*Hexapla*). Eusebio di Cesarea, suo discepolo, scrisse la prima *Storia della Chiesa*, la lista dei Martiri di Palestina, l'*Onomastico* dei luoghi biblici e molti contributi sulla storia del periodo di Costantino il Grande. La capitale della *Palaestina Prima* fu conquistata e distrutta dai musulmani all'inizio del 641, dopo 3 anni di assedio. Nel XIII secolo divenne un porto dei crociati, che costruirono la cittadella fortificata, la basilica e il muraglione difensivo tuttora ben conservato.

Scavi archeologici

La stagione degli scavi a Cesarea Marittima dura da più di un secolo e ancora non se ne prevede la fine. L'area urbana racchiusa dalla cinta muraria (2,6 chilometri) era la più estesa di tutta la Palestina e poteva contenere oltre 50 mila abitanti.

La visita inizia a sud nei pressi del teatro romano (4 mila spettatori), ampiamente rico-

▶ **Simbolo cristiano**

La statua del Buon Pastore proveniente da un edificio cristiano di epoca bizantina.

◀ **I due acquedotti di Cesarea**

Poco a nord delle mura si trovano i due acquedotti che garantivano la sopravvivenza della città. Il principale, alto 8 metri (nella foto), portava l'acqua dalla sorgente di Eyn Shuni, 7,5 chilometri a nord-est della città. Successivamente fu aggiunto un secondo acquedotto (alto 5,5 metri) che convogliava in città l'acqua della sorgente del "torrente dei Coccodrilli" (Nahal Tanninim).

struito e utilizzato per l'allestimento di spettacoli e concerti nella stagione estiva. All'ingresso sono messi in evidenza alcuni reperti d'epoca classica e bizantina, tra i quali risalta la statua del Buon Pastore. Superato il teatro, si procede verso il museo dove sono esposti all'aria aperta molti elementi architettonici trovati nelle varie campagne di scavo. Si notano colonne, basi e capitelli di vari stili e ordini, sarcofagi, frontoni con fregi di grande valore stilistico, pilastrini provenienti da chiese. Si passa poi a visitare i resti del grandioso palazzo del promon-

▲ Strada marmorea

La piazza delle statue acefale, una bianca e una rossa. Il pavimento della strada è in marmo.

▼ Reggia sul mare

Il palazzo del promontorio, la reggia di Erode che digradava verso il mare. Dal porto di Cesarea, negli anni 45-58 d.C., Paolo si imbarcò per l'Asia Minore; a Cesarea rientrò dal secondo viaggio apostolico e vi dimorò due anni in attesa del processo a Roma.

torio, la reggia erodiana disposta su diversi piani. Il livello più basso è in parte sommerso dal mare, ma mostra ancora mosaici e stucchi. Il giardino artificiale costituisce la parte centrale del complesso, che termina a est con i resti del pretorio dei procuratori romani. In questo edificio si può ipotizzare che Paolo sia stato tenuto prigioniero in attesa di salpare per Roma. Si conoscono alcune iscrizioni

◀ Cittadella crociata

Il fossato profondo 9 metri rendeva ancora più sicure le mura alte 13. La cinta difensiva della cittadella crociata è lunga 900 metri e aveva tre porte di accesso. Il porto e la cittadella furono ricostruiti dal re Luigi IX (1251-1252).

provenienti dal pretorio che menzionano alcuni procuratori residenti a Cesarea: Antipatro, Calpurnio Quintiano e Valerio Valeriano. Una cappellina, forse dedicata a san Paolo, fu costruita in tarda età bizantina a ridosso del pretorio romano.

La città bizantina si riconosce nelle case pubbliche o private, alcune vere e proprie ville signorili, decorate con bagni, marmi, mosaici e iscrizioni.

La cittadella crociata risale all'intervento del re di Francia Luigi IX (1151). È racchiusa nelle mura alte 13 metri, che delineano un perimetro rettangolare di 900. Nel settore sud del porto, separata dalla cittadella, fu aggiunta una fortezza. Poco fuori del muro crociato, a nord, si trovano le rovine della sinagoga del periodo bizantino, ricca di mosaici e di iscrizioni.

All'interno della cittadella crociata sorgono i resti del porto erodiano e di altre strutture pubbliche. Di fronte alla baia fu costruito il gigantesco podio del tempio dedicato alla dea Roma e al divo Augusto. Nei sotterranei furono ricavati i depositi commerciali e un ninfeo. Dopo il V secolo il tempio pagano fu sostituito da una chiesa ottagonale, e in epoca crociata da una grande basilica forse dedicata a san Pietro.

Usciti dalla porta orientale, si può visitare la piazza delle statue. Si tratta di due grandi statue acefale che raffigurano due dignitari romani. Una è di marmo bianco, l'altra di marmo rosso. L'iscrizione dedicatoria ricorda Flavio Strategios, un governatore del VI secolo d.C.

SHILO E GARIZIM

Due tra i siti più importanti della storia e della spiritualità biblica. A Shilo si rammenta la presenza dell'Arca dell'Alleanza e della Tenda del Convegno, che rimandano alla figura profetica di Samuele. Sul monte Garizim si ricordano eventi centrali della storia di Israele, tra cui lo scisma dei samaritani.

◄ Città cananea

Resti dell'epoca del Bronzo Medio sul versante nord-est della collina di Shilo (1600 a.C.). Allora la cittadina contava circa 400 abitanti.

37

Shilo e il monte Garizim: i due luoghi santi sono sempre stati meta di pellegrini e studiosi per il loro indissolubile richiamo alla presenza divina. La collina di Shilo (Tell Seilun) dista 41 chilometri da Gerusalemme, in direzione nord. La città di Shilo in epoca biblica non era molto estesa, anche se ebbe un'importanza notevole. La presenza dell'Arca e della Tenda del Convegno segna gli inizi dell'insediamento di Israele nella Terra promessa. Giosuè e il sommo sacerdote Eleazaro completarono a Shilo la distribuzione della terra alle cinque tribù della

▼ Basilica in abbandono

L'interno della basilica del VI secolo. Si nota il degrado causato dall'abbandono del sito archeologico. I mosaici non sono protetti e le colonne, cadute a pezzi, sono abbandonate al loro destino.

SHILO

Galilea, di Beniamino e Simeone. Il gesto sacro del sorteggio conferiva all'eredità degli israeliti un sigillo divino definitivo (Gs 18,1.8-10; 19,51).

Il santuario di Shilo estese la sua influenza tanto che ogni anno era meta di pellegrinaggio (Gdc 21,19): si facevano visite, sacrifici e voti (1Sam 1,3). Sul versante politico, il ruolo di Shilo emerge nella fase finale dell'epoca dei Giudici. Allora custode del santuario era il sacerdote Eli. Quando i suoi figli Cofni e Pincas portarono l'Arca in battaglia contro i filistei ad Afeq, furono sconfitti e uccisi. L'Arca divenne bottino di guerra e custodita nel tempio di Dagon in Ashdod (1Sam 4).

La figura di Samuele, profeta e giudice «su tutto Israele», si delinea nel contesto della guerra ai filistei. Elcana e Anna, i suoi genitori, di consueto salivano a Shilo ogni anno per pregare. Una volta Anna fece il voto di consacrare il figlio, avuto per grazia divina, al servizio del santuario (cfr. 1Sam 1-3). Il cantico che lei innalza a Dio come ringraziamento preannuncia il *Magnificat* di Maria: «Il mio cuore esulta nel Signore, la mia fronte si innalza grazie al mio Dio… La sterile ha partorito sette volte e

la ricca di figli è sfiorita… Solleva dalla polvere il misero, innalza il povero dalle immondizie» (1Sam 2,1ss.). Dopo la sconfitta con i filistei (1Sam 4), la casa di Yhwh (il tempio) fu bruciata e Shilo cessò di essere un centro religioso per l'antico Israele (Ger 7,12; 26,16; Sal 78,60).

Le rovine di Shilo

Tell Seilun, nome arabo di Shilo, è stato scavato in varie riprese, negli anni 1922-1932 e poi 1963-1967 da due spedizioni danesi. Negli anni 1981-1984 l'israeliano I. Finkelstein ha scavato la sommità del *tell* facendo luce sui periodi pre-biblici (Medio e Tardo Bronzo), sull'epoca delle origini di Israele (XI e X secolo a.C.) e sul periodo israelitico (X-VI secolo a.C.). Nell'estate del 2012 è iniziata una nuova campagna di scavo che interessa una vasta area a sud-ovest della collina. Secondo i primi risultati i resti monumentali rinvenuti sono della città israelitica e del periodo post-esilico (X-IV secolo a.C.). La città si estende a due quote: in alto, sulla collina, si trovano i resti della città cananea e israelitica (II e I millennio a.C.); la città romano-bizantina, invece, occupa il settore pianeggiante a sud della

LA "CASA DI DIO" A SHILO

Durante l'epoca dei Giudici Shilo era il santuario centrale. L'Arca era posta in un edificio detto *bayt*/casa (1Sam 1,7.24; Gdc 18,31) o *hêkal*/palazzo (1Sam 3,3). Sembra che con la presenza dell'Arca a Shilo si sia cominciato a dire *YHWH Sebaôt* (Dio degli eserciti), completato poi con l'espressione «che siede sopra i cherubini» (1Sam 4,4). Non è provato che in precedenza a Shilo fosse venerato un "dio Sebaôt", sorretto dai cherubini. Geremia presentò ai Giudei la rovina di Shilo come lezione ammonitrice (Ger 7,12-14; 26,6.9; cfr. Sal 78,60).

collina. Il primo edificio che si incontra è il monumento detto *weli Sittin*, forse in origine una sinagoga (a giudicare da alcuni motivi decorativi di stile giudaico). Subito a est del *weli* musulmano si trova la moschea es-Sittin (dei sessanta), che risale all'epoca omayyade (VII secolo d.C.). Poco dopo il *weli Sittin* si incontra la prima chiesa bizantina chiamata la "chiesa dei pellegrini"; padre

▲ **Pavimento**

Dettaglio del mosaico pavimentale nella basilica bizantina.
La ricostruzione dell'edificio effettuata dagli archeologi danesi ha il merito di proteggere il pavimento mosaicato dalle intemperie.

▶ **Foglie d'acanto**

Capitello in stile corinzio molto rovinato della basilica bizantina.

Bellarmino Bagatti preferiva chiamarlo "monastero". Si compone di una cappellina (5 x 12 metri) con alcune stanze nelle adiacenze a nord e a ovest. Nel pavimento mosaicato del *diaconicon* si legge l'iscrizione: «Per il riposo di Porfirio e di Giacobbe suo fratello». Sopra l'iscrizione sono visibili le figure di due cervi e due pesci affiancati a un albero di melograno. La più antica chiesa bizantina di Shilo si trova circa 200 metri più a nord e ha la pianta di una basilica a tre navate (15 x 18 metri). Il mosaico, molto rovinato, presenta disegni geometrici e floreali. Nel nartece si legge l'iscrizione dedicatoria: «Ricordati Signore del servo Zaccaria, e dello scrittore, per il loro bene». Si ritiene che questa chiesa risalga al IV secolo e fu visitata da san Girolamo e dai pellegrini d'epoca bizantina. A ridosso del *tell* si incontra la moschea detta Majda (la tavola) posta sotto un vecchio terebinto. Il nome arabo è *weli el-Yatin*.

A questo punto si sale sulla collina di Tell Seilun, dove si possono visitare i resti del Bronzo Medio e del periodo israelita. Nel settore settentrionale le mura si sono conservate per alcuni metri di altezza. La città del Bronzo Medio, che poteva ospitare circa 400 abitanti, fu distrutta nel corso del XVI secolo a.C. da un violento incendio, le cui ceneri sono state trovate in tutte le trincee.

Ci si domanda dove fosse il santuario di Samuele, ma a tutt'oggi non ci sono risposte soddisfacenti. Da vari indizi e dall'estensione della città si deduce che il santuario doveva occupare la sommità della collina, ma di esso non è rimasta alcuna traccia. La città fu distrutta verso la metà dell'XI secolo a.C., probabilmente ad opera dei filistei.

GARIZIM ED EBAL: UN'IDENTIFICAZIONE DISCUSSA

«Ci sono vicino a Gerico due monti che si affrontano, dei quali uno si chiama Garizim, l'altro Ebal. I samaritani ritengono che questi due monti siano vicino a Neapoli, ma sbagliano clamorosamente! Infatti sono lontanissimi l'uno dall'altro, e non si possono sentire tra di loro le voci delle benedizioni e delle maledizioni» (Eusebio, *Onomastico*, 64,9-15). Eusebio segue alla lettera Dt 11,30 per contrastare la tradizione samaritana. La Carta di Madaba pone i due monti sia vicino a Gerico che a Sichem: la difficoltà non era ancora risolta in età bizantina.

Monte delle Benedizioni

A ridosso della grande città di Nablus si staglia la montagna del Garizim. Il Garizim (Jebel at-Tur, 881 metri) è un monte sacro ricco di tradizioni bibliche. Nell'Antico Testamento è scelto come il luogo delle Benedizioni su Israele (Dt 11,29-30; 27,11-28,6).

Nell'apologo di Iotam è il pulpito dal quale si proclama l'avversione biblica alla monarchia, fonte di ineguaglianza sociale (Gdc 9,7-21): tra tutti gli alberi

◄ **Città ritrovata**

Monte Garizim, le rovine del quartiere d'epoca ellenistica (II secolo a.C.) messo in luce dagli scavi di Yitzhak Magen.

◄ **Fonte**

Vasca battesimale nella cappellina laterale di sud-est, nel complesso della Madre di Dio.

▼ **Ingresso**

La porta a tenaglia della città ellenistica (II secolo a.C.). Sullo sfondo si nota la collina di Elon Moreh.

▲ Sul Garizim

Il complesso della basilica
della *Theotokos* (Madre
di Dio) costruita nel 484
dall'imperatore Zenone.
Probabilmente sostituisce
il tempio dei samaritani.
Sullo sfondo si vede il *weli*
musulmano con la sepoltura
di Abu Ghanem di Nablus,
compagno d'armi di Saladino.

▶ Mosaici

Il pavimento mosaicato
e decorato con marmi della
cappellina laterale di sud-ovest.

della foresta accetta di diventare re solo il rovo che, con le sue spine, fa soffrire gli altri.

Il Garizim, infine, diventa il monte santo dei samaritani, il popolo che nasce nel dopo-esilio babilonese. La storia è descritta in 2Re 17,24-41, una riflessione che addebita la colpa della separazione all'infedeltà di Samaria e alla politica oppressiva degli assiri. È l'ultimo frutto pernicioso del «peccato di Geroboamo», la costruzione degli altari col vitello d'oro in Betel e Dan (1Re 12,28-29).

I samaritani concentrano sul Garizim luoghi legati ai Patriarchi tra cui Betel, il monte Sinai, il tabernacolo di Mosè, Galgala, il monte Moria, il tempio biblico e il luogo dove celebrare la Pasqua. Questo popolo, dopo la condanna di eresia da parte del giudaismo ufficiale, non è più ritenuto appartenente al popolo di Israele. Oggi sulle pendici del Garizim, attorno al parco delle antichità, è sorto il villaggio di al-Luza, dove vivono i samaritani sopravvissuti alle molte vicende della diaspora. I cristiani, nel periodo bizantino, dedicarono il monte Garizim a Maria Madre di Dio, la *Theotokos*, e l'imperatore Zenone nel 484 innalzò una maestosa basilica ottagonale in suo onore. Gli sca-

vi condotti negli anni 1983-1990 da Y. Magen hanno fatto luce sulla presenza dei samaritani sul monte Garizim. Nel settore occidentale l'archeologo ha messo in evidenza quartieri d'epoca ellenistica; in quello orientale ha trovato la porta monumentale di accesso al recinto sacro, dove si ergeva il tempio dei samaritani distrutto da G. Ircano nel 112 a.C. Il recinto, d'epoca bizantina, conserva i resti dell'imponente basilica voluta da Zenone e protetta con un possente muro difensivo da Giustiniano (VI secolo). Il muro misura 83 x 100 metri, è alto 7 e conta 7 torri.

La basilica della Madre di Dio misura 30 x 37 metri e ha una pianta ottagonale concentrica. Quattro cappelline sono inserite nei lati dell'ottagono esterno, due contro l'abside a est, due contro il nartece a ovest. Nella cappella di sud-est sono ancora visibili pochi resti di un battistero di forma esagonale.

Tell er-Ras

Un altro sito archeologico, Tell er-Ras, si trova sulla sommità settentrionale del Garizim, dove fu costruito il tempio romano dedicato a Giove Altissimo al tempo dell'imperatore Adriano (135 d.C.).

SEBASTE E SICHEM

Tra le regioni di Israele, la Samaria è la meno conosciuta e la meno visitata, nonostante le tante memorie bibliche e le importanti testimonianze archeologiche. Samaria è, al tempo stesso, il nome della regione e dell'antica capitale del regno d'Israele.

◄ Sebaste, chiesa dell'Invenzione della testa di san Giovanni

Nel V secolo fu edificata una piccola chiesa bizantina dedicata all'Invenzione della testa di Giovanni Battista, poi ricostruita dai crociati, che ne affrescarono la cripta. Il primo testimone a parlare della festa liturgica della Decollazione del Battista è il pellegrino Teodosio (530 d.C. ca.). Secondo questa tradizione la decollazione avvenne a Sebaste e si ritiene che la chiesa sia posta sul luogo del carcere dove il Battista era tenuto prigioniero.

LA "CASA DI GIUSEPPE"

La Samaria è al centro della terra di Israele. Lo è in senso geografico e storico, per il ruolo di primo piano che ha avuto nella storia biblica con le vicende legate in particolare a Sichem e a Samaria-Sebaste. Nell'Antico Testamento gli inizi della storia di Israele sono interpretati dal punto di vista della "Casa di Giuseppe", composta dalle tribù di Efraim e Manasse, il gruppo israelita depositario delle tradizioni dell'Esodo insediatosi nella regione.

L'unificazione delle dodici tribù, realizzata dal re Davide e consolidata da Salomone, non sopravvive alla morte di questi e nel 926 a.C. si consuma a Sichem (1Re 12-14) lo scisma tra Regno del Nord (Israele) e Regno del Sud (Giuda). Geroboamo, primo re d'Israele, stabilì inizialmente a Sichem la capitale del nuovo regno e fece erigere i santuari di Betel e Dan, aprendoli però a un culto illegittimo di natura sincretista (Am 5,5; 7,14).

◀ Teatro romano

Il teatro fu inserito nella planimetria cittadina già da Erode il Grande, ma fu rifatto più volte. Nel 1616 un celebre viaggiatore italiano, Pietro Della Valle, visitando Sebaste lasciò questa testimonianza: «Trovai la città di Samaria rovinata tutta, ma le sue rovine mostrano segni di grandezza, e di splendor più che ordinario».

▼ Basilica civile

La basilica civile di Sebaste è un ottimo esempio di architettura urbana classica. È stata rimessa in luce negli scavi del 1930-1935. Le colonne rimesse in piedi e l'abside delineano una struttura pubblica di uso civile. La città rifondata da Erode il Grande (39-4 a.C.) aveva tutte le caratteristiche e i monumenti tipici della città ellenistico-romana: templi, agorà, ippodromo, ninfeo, teatro... La basilica era il luogo deputato alle riunioni civili per discutere le attività della *polis*. Dal modello della basilica civile, colonnata e absidata, deriva la basilica cristiana o chiesa.

SEBASTE

Samaria (Shomron, Sebaste)

La collina di Samaria dista 12 chilometri da Nablus e 77 da Gerusalemme, elevandosi fino a 430 metri sul livello del mare. Omri (885-874), re d'Israele e fondatore della dinastia più importante del Regno del Nord, acquistò la collina da Semer (1Re 16,23-24) e ne fece la capitale.

I re aramei di Damasco (1Re 20-22; 2Re 6-7), i re assiri e il re Mesha di Moab riconoscevano la forza e l'abilità dei regnanti di Samaria. Furono gli assiri a prendere il sopravvento su Samaria nel 721 a.C. con Sargon II (anche se il testo biblico di 2Re 17,5-6 e 18,9-11 parla di Salmanassar V). Sargon fece stanziare popolazioni assire sul territorio; l'unione tra queste e la gente del posto diede origine al popolo dei samaritani, che i giudei hanno sempre misconosciuto.

SEBASTE

▲ Tomba del Battista

La memoria di Giovanni Battista a Sebaste ha radici profonde nella tradizione cristiana. L'evangelista Marco spiega che «i suoi discepoli vennero e lo deposero in un sepolcro» (Mc 6,29). San Girolamo ricorda che in città sono conservate le reliquie di Giovanni Battista e del profeta Eliseo. In epoca bizantina fu costruita una grande basilica sulla tomba di Giovanni, impreziosita da marmi e colonne di ottima fattura. Depredata dai persiani nel 614 d.C. e lesionata da un terremoto nel 747, fu poi abbandonata. Nel 1165 la cattedrale fu ricostruita dai crociati sul tracciato della precedente e successivamente trasformata da Saladino nella moschea Nabi Yahya (nome di san Giovanni nel Corano). La descrizione della basilica crociata si deve al pellegrino ed egumeno russo Daniele (1106).

◄ Sede del Progetto-mosaico

Sede della Cooperazione che finanzia progetti di restauro e una scuola di mosaico. L'iniziativa è destinata a preparare i giovani del luogo a conoscere e apprezzare la storia del proprio territorio. I progetti in campo si propongono di continuare l'opera di scavo, far apprendere l'arte del restauro e promuovere la valorizzazione delle antichità archeologiche non solo di Sebaste ma di tutta la regione.

Nel periodo postesilico Samaria fu la capitale della omonima provincia persiana, governata dalla dinastia dei Sanballat. Fu colonizzata da Alessandro Magno nel 332 a.C.; due secoli più tardi (112 a.C.) il re asmoneo Giovanni Ircano, etnarca della Giudea, distrusse Sichem, il tempio samaritano sul monte Garizim e Samaria, che cadde dopo un anno di assedio e rimase per molti decenni quasi disabitata.

Ricostruita dal governatore romano Gabinio nel 57-55 a.C., la città di Samaria fu successiva-mente trasformata da Erode il Grande in una metropoli intitolata Sebaste (Augusta) in onore di Cesare Augusto.

In epoca cristiana Sebaste fu elevata a sede episcopale. La tradizione cristiana legava il nome della città alla venerazione delle reliquie di Giovanni Battista già prima del IV secolo. Gli scavi di Samaria furono iniziati nel 1908-1910; tra i reperti più importanti sono da ricordare gli ostraca (frammenti di terracotta usati come supporto scrittorio) del periodo finale del Re-

◀ Il cardo massimo

Il cardo massimo di Sebaste è largo 12,5 metri e si conosce per la lunghezza di 800 metri. Le 600 colonne monolite che lo fiancheggiano, alte 5,5 metri, si alternano agli olivi. Il cardo inizia alla porta meridionale e raggiunge la basilica civile al centro della metropoli antica.

◀ Interno della cripta con la tomba del Battista

La cripta della basilica crociata è costituita da una grotta sepolcrale che presenta vari modelli di sepoltura: a forno, a fossa, ad arcosolio, con sarcofago ecc. La piccola stanza interna, del tipo a volta, conserva il loculo dove erano venerate le reliquie di san Giovanni. La tomba è stata studiata a fondo e presenta le caratteristiche delle tombe in uso nel I secolo d.C. Modelli simili si vedono a Gerusalemme (tombe Sanhedrin), Maresha, Bet Shearim, Nazaret e in altre necropoli.

Il pavimento fu rifatto in epoca bizantina. In esso si apriva una porta in pietra che oggi non ha più alcuna funzione.

TEODORICO, PELLEGRINO IN TERRA SANTA (1175)

La città di Samaria (Sebaste o San Giovanni) conserva le memorie di san Giovanni Battista che è stato decapitato a Macheronte, ma è sepolto a Sebaste entro una grotta che ha 35 scalini (Libellus 43).

◄ L'acropoli

L'acropoli di Shomron è definita "corona superba" e "splendido ornamento" da Is 28,1-2. Sulla sommità della collina sono stati scavati i resti imponenti del palazzo di Acab e Gezabele. La capitale della dinastia omride è condannata da alcuni Profeti per il lusso sfrenato, frutto di ingiustizia sociale (cfr. Os 8; Am 3-4). La casa d'avorio (cfr. 1Re 22,29; Am 3,15) ha restituito alcuni frammenti dei preziosi dimenticati dai conquistatori assiri. Tra questi si trovano oggetti d'avorio, sigilli e monili d'oro. Un piccolo tesoro di altro tipo è costituito dai 63 ostraca in lingua ebraica che sono stati recuperati dall'archivio reale. I testi, scritti prima del 722 a.C., documentano i commerci di olio e frumento, la base economica della ricchezza del regno di Israele.

LA SORGENTE DI GIACOBBE

Arculfo giunse a quella città che in ebraico è chiamata Sichem, in greco e in latino è chiamata per consuetudine Sichima; sebbene per sbaglio qualcuno suole chiamarla Sicar. Presso questa medesima città vide una chiesa costruita fuori le mura, che si estende divisa in quattro parti verso i quattro punti cardinali, simile a una croce. Nel suo centro vi è la sorgente di Giacobbe; si trova nel centro delle quattro parti; sopra di esso il Signore stanco per la fatica del viaggio, vi sedeva all'ora di sesta, e a quel medesimo pozzo venne ad attingere l'acqua all'ora di mezzogiorno quella famosa donna di Samaria (Adamnanus, *De locis sanctis*, 670 d.C. circa).

◄ Tempio di Augusto

Il tempio dedicato ad Augusto corona l'acropoli di Sebaste. Si riconoscono solo la scalinata di accesso al santuario e alcuni roccoli di colonne. I monumenti come questo, riscoperti negli scavi dell'ultimo secolo, costituiscono uno dei segni della grandezza e della ricchezza di Erode il Grande. Nella fase di maggior splendore del suo regno il monarca dedicò alcuni edifici pubblici ad Augusto, suo mentore e patrono politico, a Sebaste, Cesarea Marittima e Banias. Non deve sorprendere che, seguendo un calcolo politico molto sottile, Erode il Grande fosse conciliante con tutte le componenti sociali del suo regno. Favoriva i greci pagani, gli esseni, i farisei, i romani, e in questo modo era in grado di bilanciare tensioni e difficoltà che derivavano dalla composizione variegata delle popolazioni sulle quali regnava.

gno del Nord (VIII secolo a.C.) e gli avori del palazzo di Gezabele. La visita alle rovine della città inizia dalla porta protetta da due torri circolari. Prosegue lungo il cardo massimo e termina alla basilica civile. Sul fianco occidentale della collina sono state portate alla luce le mura ellenistiche (II secolo a.C.) e il teatro romano. La salita all'acropoli conduce ai resti del tempio dedicato ad Augusto, fatto costruire da Erode il Grande, e alle rovine del palazzo reale degli Omridi (IX e VIII secolo a.C.).

La cattedrale bizantina e la basilica crociata sono state costruite sulla presunta tomba di san Giovanni Battista. I crociati hanno eretto sul fianco orientale dell'acropoli la chiesa dedicata all'Invenzione della testa di san Giovanni.

SICHEM

Sichem

Le rovine di Tell Balata sono identificate con la città di Sichem, la cui storia si perde nella notte dei tempi, anche se la sua esatta ubicazione è stata confermata solo agli inizi del XX secolo.

Le prime informazioni risalgono ai testi egiziani di esecrazione (ca. 1800 a.C.). Dalle Lettere di el-Amarna sappiamo che nel XIV secolo a.C. Sichem era governata dal re Labayah, alleato degli *abiru* e ribelle al potere egiziano. Con *abiru*, secondo una teoria molto diffusa, era identificata l'etnia che in seguito si affermò come popolo di Israele.

La prima città del Canaan menzionata nella Bibbia è Sichem: «Arrivarono nella terra di Canaan e Abram la attraversò fino alla località di Sichem, presso la

◀ La grande *massebah* di Sichem

La grande stele (*massebah*) di Tell Balata, alta 1,45 metri, troneggia ancora nel cortile del tempio cananeo in uso ininterrotto dal Medio al Tardo Bronzo. Le misure del santuario sono di 21 x 26 metri; comprende l'aula sacra (11 x 12 metri) e il portico (5 x 7). Il muro di recinzione (*temenos*) è largo 2,3 metri e delimita tutta l'area sacra. La stele liturgica è uno degli elementi tipici della religione cananea, in uso dal periodo neolitico in poi. La stele era venerata al tempo dei Patriarchi (cfr. Giacobbe a Bethel in Gen 28,10-22; e l'alleanza del Sinai con Mosè in Es 24,4).

ERODE IL GRANDE E SEBASTE

Nel territorio di Samaria egli [Erode il Grande] racchiuse una città in bellissime mura della lunghezza di 20 stadi e, avendovi insediati 6.000 abitanti, cui assegnò terre fertilissime, e avendovi eretto nel centro un tempio grandissimo con un recinto sacro di uno stadio e mezzo consacrato a Cesare, chiamò la città col nome di Sebaste; ai suoi abitanti concesse una costituzione privilegiata (Giuseppe Flavio, *Guerra Giudaica* 1,403).

▶ **Mura ciclopiche**

Le rovine della città di Sichem sono giunte a noi col nome di
Tell Balata. La spiegazione del nome arabo, che significa "quercia",
rimanda alla tradizione della quercia di Moreh (Gen 12,6) e ai
platani ricordati dal Pellegrino di Bordeaux (330 d.C.). Le mura
difensive di Tell Balata risalgono al Medio Bronzo (1800-1600 a.C.)
e sono definite "ciclopiche" per le dimensioni imponenti: 4 metri
di larghezza per 10 di altezza. Davanti alle mura si trova la rampa
(*glacis*) che aumentava le capacità difensive delle stesse.
Nel settore nord-occidentale della città è inserita la porta (27 x 30
metri), protetta da due torri laterali. Il sistema detto "a tenaglia"
era in uso fin dal III millennio a.C. A Tell Balata le camere
di guardia sono quattro, in altri centri sono sei (Meghiddo, Hazor).
In Gen 12,1-6 si legge che Abramo si fermò davanti alle mura
di Sichem, abitata in quel tempo dai cananei.

Quercia di Morè» (Gen 12,5-6).
Il patriarca Giacobbe visse nei
pressi della città (Gen 34), dove
acquistò un terreno (Gen 33,18-
19), che con la tradizione cristiana divenne il Pozzo della
Samaritana (Gv 4,1-42). Nei
dintorni di Sichem fu seppellito
il patriarca Giuseppe (Gs 24,32).
Gli storici della Bibbia ambien-
tano ancora a Sichem la grande
assemblea che conclude solen-
nemente la vita epica di Giosuè
(Gs 24). Sempre a Sichem si è
consumato il "peccato di Geroboamo", che portò Israele alla
divisione politica e allo scisma
religioso con il Regno del Sud,

Giuda (1Re 12). Dopo la caduta
di Israele in mano assira, cadde
in rovina e rimase disabitata per
quasi tutto il periodo persiano
(V-IV sec. a.C.), fino a che nel
331 a.C. i samaritani, lasciata
Samaria in mano ai macedoni di
Alessandro, la elessero capitale.
Devastata da Tolomeo V nel
198 a.C., risollevò faticosamen-
te la testa per l'ultima volta:
Giovanni Ircano la distrusse
nel 128 a.C. e la ricoprì di terra
e macerie. Nel 72 d.C. l'imperatore Flavio Vespasiano assegnò
ai veterani della prima guerra
contro la Giudea il territorio
della città. Nacque così *Flavia*

Neapolis, oggi Nablus. La nuova città raggiunse ben presto un alto grado di prosperità grazie alla sua felice posizione: essa dominava l'incrocio delle due arterie principali del Paese.

Sichem si fa notare anzitutto per le imponenti mura difensive alte 10 metri e larghe 4. Le mura ciclopiche risalgono al periodo Hyksos (ca. 1750-1550 a.C.). e sono composte di grossi blocchi dai contorni irregolari, incastrati gli uni negli altri. La porta della città, posta nel settore nord-ovest, è del tipo a tenaglia. Il complesso della porta misura 27 x 30 metri e fu in uso nel Medio e nel Tardo Bronzo.

Al centro della città si trova il grande spazio sacro recintato da un *temenos* largo 2,30 metri. Faceva parte del tempio cananeo utilizzato dal 1900 al 1550 a.C. Possiede mura spesse 5 metri e due torri poste ai lati dell'ingresso. Il *naos,* cioè l'aula interna, misura 11 x 13 metri e ha sei colonne; il portico antistante misura 5 x 7 metri. La superficie complessiva del santuario cananeo è di 21 x 26 metri. Davanti al portico è ancora *in situ* la grande stele (*massebah*) di colore bianco alta 1,45 metri.

GHEZER E ASCALON

La collina di Ghezer domina la fertile pianura considerata il "granaio d'Israele". Visitiamo l'omonima città, assegnata in dote alla figlia del faraone d'Egitto che andò in sposa a Salomone, e la vicina Ascalon, parte della pentapoli filistea insieme a Gaza, Ashdod, Gath e Eqron.

◀ **Steli cultuali**

Le steli del tempio definito anche l'alto luogo (*bamah*) di Ghezer. Il santuario cananeo risale al Medio Bronzo. Le steli cultuali (*massebot*) raggiungono anche i 3 metri di altezza. Rappresentano la divinità cananea Baal, il dio-toro elargitore della fertilità. Accanto ad esse si trova una grande vasca monolita usata per le abluzioni e le purificazioni durante i sacrifici.

Dalla zona collinare della Shefela si scende velocemente verso la pianura dei Filistei. La collina di Ghezer domina il paesaggio circostante dai suoi 225 metri di altezza. Il calendario di Ghezer (risalente al X secolo a.C.) divide l'anno secondo le 12 lune che governano le stagioni e i lavori dei campi: «Due mesi di raccolta di olive – due mesi di semina dei cereali – due mesi di semina ritardata dei legumi e ortaggi… Un mese di mietitura dell'orzo… Un mese di mietitura del frumento e di misurazione [del grano]… Due mesi di raccolta dell'uva».

La pianura ben coltivata con grano, mais, agrumi, uva, fiori e ortaggi raggiunge la periferia di Ascalon, il grande porto sull'antica *Via Maris*. Il faraone Merneptah (1234?-1214 a.C.) in un rilievo di Karnak si dichiara «il conquistatore di Ascalon». Era un ostacolo sempre arduo da superare, sia per i faraoni sia per i conquistatori assiri e babilonesi: «Mitinti di Ascalon che aveva violato il giuramento fatto a me e si era ribellato, quando seppe della sconfitta che avevo inflitta a Razin di Damasco divenne pazzo di paura» (*Annali di Tiglat-Pilezer III*, 734 a.C.).

Erodoto narra che l'assedio di Psammetico I (663-609 a.C.) contro Ascalon durò 29 anni. La città era fiorente per l'intenso commercio di grano, olio e vino che trasportava in tutto il Mediterraneo. La sua ricchezza si manifestava in palazzi sontuosi e nei templi dedicati ad Afrodite Celeste, Atargatis, Dagon e Apollo. Giuseppe Flavio narra che Erode il Grande, amico e benefattore di Ascalon, vi fece costruire bagni, fontane, portici e colonnati. I crociati vi eressero le fortificazioni e il porto, i cui resti sono ancora ben visibili.

Una città in dote nuziale

Ghezer ("la carota") dista 8 chilometri da Ramleh e circa 6 da Latrun. È visibile dalla strada principale che collega Tel Aviv a Gerusalemme. La collina di Ghezer, in arabo Tell Abu Susheh, fu occupata fin dal periodo calcolitico per 6 mila anni.

La città era uno dei principali centri del Canaan pre-israelitico. Appare nelle liste di Tutmosi III (1479-1425 a.C.) e in 14 lettere di el-Amarna, scritte da tre principi diversi. Compare anche nella stele del faraone Merneptah, accanto alla prima attestazione

GHEZER

▼ Calendario agricolo

Resti dell'acropoli di Ghezer. Lo scavo fu condotto un secolo
fa da Robert Alexander Stewart MacAlister (1902-1909) e portò
alla scoperta del Calendario di Ghezer. L'importante reperto risale
al X secolo a.C. ed è uno dei più antichi documenti epigrafici
della lingua ebraica.

▲ Le rovine di Ghezer

Interno della porta a tenaglia. Si nota bene il canaletto di scarico delle acque bianche che passa sotto alla massicciata della strada. Si notano anche le stanze delle guardie che controllavano l'accesso alla città israelitica.

▶ La porta a tenaglia

L'esterno della porta monumentale di Ghezer. È uno dei migliori esempi di porta a tenaglia, risalente al periodo del Ferro.

del nome "Israele". Nell'Antico Testamento (1Re 9,15-18) si racconta che Ghezer fu assegnata in dote alla figlia del faraone che andò in sposa al re Salomone. Probabilmente questa notizia testimonia che Ghezer non fu conquistata da Giosuè o da Davide, ma divenne parte del regno di Giuda nel X secolo a.C. Il testo aggiunge che Salomone fortificò Ghezer insieme alle città di Hazor, Meghiddo, Bet Horon e Tamar nel deserto. La città fu distrutta dagli assiri nel 734 a.C., ma conobbe un periodo di prosperità in fase ellenistica (II secolo a.C.), quando i Maccabei ne fecero un caposaldo della nuova *hyparchia* (distretto) di Giudea (1Mac 13,53).

Gli scavi di Ghezer sono stati tra i primi effettuati in Israele (1902-1909). La necessità di reinterpretare i primi risultati ha richiesto nuove campagne di scavo, che furono guidate da William G. Dever negli anni 1964-1972.

La collina, già abitata, divenne città nel Bronzo Antico II. Nel periodo del Medio Bronzo (1900-1600 a.C.) l'insediamento rinacque con possenti mura difensive, l'acropoli e una grande porta a tenaglia. Il santuario di questo periodo era imponente: una fila di 10 *massebot* (steli religiose cananee) alte fino a 3 metri sono ancora oggi la testimonianza più evidente della religione del Canaan pre-biblico. La città del Tardo Bronzo fu distrutta da Merneptah (1210 a.C.) e sostituita dalla città israelitica nel X secolo a.C. La porta a tenaglia fu ricostruita,

come pure le mura difensive e l'acropoli. In 1Re 9,12 è detto che Salomone la dotò della cavalleria. Fu distrutta prima dagli assiri e poi dai babilonesi (VI secolo a.C.).

In età ellenistica divenne il centro degli scontri tra seleucidi e asmonei per il controllo della pianura. Le tombe, le monete e le iscrizioni testimoniano che la collina di Ghezer fu abitata in continuità ma non raggiunse mai più l'importanza che aveva avuto nei secoli precedenti. Da nobile città era caduta al rango di semplice villaggio di agricoltori.

Ascalon, la città verde

Il Parco archeologico di Ascalon (Tell el-Khadra), a soli 18 chilometri dalla Striscia di Gaza, accoglie i visitatori con il verde dei sicomori, dei carrubi e dei pini mediterranei. La ricchezza di Ascalon, connessa al commercio di prodotti agricoli, è documentata dal nome di una giara speciale per il trasporto del vino detta *ascalonion*. La sua prosperità si riflette anche nel nome della basilica d'epoca bizantina dedicata a santa Maria la Verde (al-Khadra).

La storia degli scavi di Ascalon si intreccia con la ricerca arche-

CANAAN

È l'antico nome della regione che sta al centro dell'interesse della geografia biblica. Le prime testimonianze provengono dall'Egitto a partire dal Primo regno (III millennio a.C.), e dalla Mesopotamia (ca. 3300 a.C.). A motivo della sua posizione di terra-ponte tra l'Asia e l'Africa, infatti, il Canaan interessava le due principali potenze culturali e politiche dell'antichità: Egitto e Mesopotamia.
Nella Bibbia ricorre in Es 15,15 a indicare la terra verso cui Yhwh guida il suo popolo. L'etimologia del nome *canaan* resta oscura.
Lo si fa derivare da "piegarsi, calare", cioé l'occidente dove il sole si piega verso il mare. Oppure dal termine hurrita *kinahhu*, porpora.

◀ Città verdeggiante

La trincea sul Tell al-Khadra realizzata da J. Garstang negli anni 1920-1921 e riscavata da L. Stager negli anni 1985-2000. La stratigrafia stabilita dall'archeologo divenne il punto di riferimento per la cronologia degli altri siti di Israele.

▼ Rinforzi

Colonne di epoca classica usate dai crociati per rinforzare le mura difensive sul lato del mare.

ologica in Palestina. Negli anni 1920-1921 l'inglese J. Garstang, scavando Ascalon, poneva le basi dell'archeologia biblica e apriva la strada alla comprensione della nascita dell'Israele biblico, collocata nel XIII secolo a.C.

Nel 1985 l'americano L. Stager iniziava una lunga stagione di scavi che si è conclusa nel 2000. Queste ultime ricerche hanno portato alla luce elementi delle culture del Medio e del Tardo Bronzo, e dei periodi persiano, ellenistico, romano e infine crociato.

A partire dal XX secolo a.C. Ascalon è ricordata dalle fonti antiche come una grande e ricca città, un porto mercantile sulla Via di Horo, l'antica via dei filistei e infine la *Via Maris*. Compare nei Testi di Esecrazione e nella Lista di Amenofi III (1391-1353 a.C.). Il principe Widyia di Ascalon inviò sette lettere al faraone (Akhenaton) del periodo di el-Amarna (1370-1340 a.C.). Ascalon è poi menzionata nel rilievo di Karnak attribuito a Merneptah: «Ascalon, la città ribelle che sua maestà ha conquistato». Compare inoltre

◄ Fortezza

Il muro settentrionale delle fortificazioni di Ascalon. Il rivestimento di epoca crociata poggia sulle fondazioni risalenti al Medio Bronzo (1900-1600 a.C.). In alto si notano resti del muro crociato bruciato da Saladino nel 1191.

▼ Edificio del II secolo d.C.

L'abside della basilica civile contenente alcuni frammenti di statuaria classica: la Nike, i giganti (di provenienza ellenistica) e il piccolo Horo, di provenienza egizia. Attualmente l'area dell'abside è riscavata per studiarne la storia occupazionale.

nella stele di Israele insieme a Ghezer e Ianoam: «Canaan è privato della sua malvagità, Ascalon è devastata, Ghezer è conquistata, Ianoam non esiste più». In epoca biblica Ascalon faceva parte della pentapoli filistea con Gaza, Ashdod, Gath e Eqron (Gs 13,3). Il suo territorio non fu mai conquistato da Giuda (Gdc 1,18-19). In età persiana la città apparteneva alla città fenicia di Tiro.

▲ Porta di Gerusalemme

La cappellina addossata al muro occidentale, nei pressi della Porta di Gerusalemme. Sorta in età bizantina, fu trasformata in epoca crociata.

Visita di Ascalon

La visita archeologica prende avvio dalle mura del settore settentrionale. Sono imponenti e risalgono all'epoca crociata, anche se nascondono resti della città più antica. Le mura difensive del Medio Bronzo erano larghe 30 metri e alte 15. La porta inserita nel muro aveva dimensioni notevoli: la volta è alta 9 metri, l'apertura misura 2,5 metri per una lunghezza di 27. All'esterno della porta si trova la sala cultuale (8 x 12 metri) dove era venerato un piccolo toro d'argento. È un'immagine che rimanda alla figura di Baal, il dio-toro dei cananei.

Gli interventi difensivi crociati consistono nel semplice rivestimento delle fondazioni antiche e nella ricostruzione del muro con le torri. Questa cinta fu smantellata da Saladino nel settembre del 1191 per evitare che Riccardo Cuor di Leone, giunto a Giaffa a capo della terza crociata, si impossessasse di una

I filistei facevano parte dei Popoli del mare che nel corso del XII secolo a.C. tentarono di entrare in Egitto; sconfitti da Ramses III (1198-1166), si stanziarono sulla costa meridionale, che prenderà il nome di Filistea, e costituirono una confederazione di cinque città da loro governate: Asdod, Gaza, Ascalon, Gat e Accaron (cfr. 1Sam 6,17). Il più antico documento che li menziona è rappresentato da un'iscrizione scoperta nel tempio di Medinet Habu a Tebe, risalente al 1190 a.C. circa. In essa i filistei sono citati assieme ad altri popoli che ancora una volta si coalizzano nel tentativo di insediarsi in Egitto. Nella Bibbia compaiono in continuo conflitto con le tribù israelitiche. Verso il 1050 a.C., dopo la vittoria riportata ad Akek contro gli israeliti, i filistei riuscirono a impossessarsi dell'Arca dell'Alleanza (cfr. 1Sam 4).

città con mura solide, e quindi difficile da riconquistare.

Lungo il muro difensivo verso il mare fanno ancora bella mostra di sé le colonne di granito utilizzate dai crociati per rinforzare la struttura. Provengono da edifici di epoca classica e bizantina. Le tempeste marine le stanno lentamente corrodendo e il muro rischia di essere eroso del tutto.

Al centro del parco si trova la grande basilica civile (110 x 35 metri) con il porticato su tre lati e l'abside verso sud. L'edificio risale al II secolo d.C., al tempo degli imperatori Severi. Nella ripulitura degli ambienti si sono rinvenute statue di varia provenienza, segno che Ascalon era un centro cosmopolita e sincretista.

La dea Vittoria Alata (Nike) e i giganti di origine ellenistica stanno accanto a Iside e Horo, provenienti dalla cultura egiziana.

Una piccola chiesa è inserita nel settore orientale delle mura, accanto alla porta detta "di Gerusalemme". Si tratta di una cappella costruita in epoca bizantina e trasformata in fase crociata. Le tre absidi custodivano pitture, mentre le colonne in granito nero sono quelle originali rimesse *in situ*, inserite nel pavimento di marmi policromi. La sabbia ha ricoperto il perimetro delle mura crociate. Non tutta la città antica è stata scavata: resta ancora molto da portare alla luce e le sorprese potrebbero essere molto interessanti.

BEIT SHEMESH E LACHISH

La strada che unisce Beit Shemesh a Lachish attraversa tutta la Shefelah, regione collinare ricca di pascoli, di boschi e di coltivazioni. Ma soprattutto ricca di storia. Lungo il percorso s'incontrano città di grandi dimensioni, accanto a villaggi legati a vicende bibliche.

LA CITTÀ DEL SOLE

In questa regione si sono svolte alcune pagine note della storia biblica, tra cui le avventure di Sansone e Dalila; la sfida tra il giovane Davide e il gigante Golia nella valle del Terebinto; la distruzione delle città (Eshtaol, Zorea, Timna, Azeca, Adoraim, Maresha, Eglon, Gath) compiuta prima dal re assiro Sennacherib (702 a.C.) e poi dal babilonese Nabucodonosor (598 a.C.). La ricerca archeologica nei siti della Shefelah ci ha gratificati con scoperte di grande valore, dalle fortificazioni del Bronzo Antico alla ceramica carenata del Medio Bronzo; dagli ostraca

◀ **La moschea di Sansone**

Beit Shemesh. Resti della moschea di Abu Meizar, il nome arabo di Sansone. L'edificio risale all'epoca omayyade (VII secolo).

di Lachish e di Maqqeda (Khirbet el-Qom) ai cimiteri di Beit Jibrin, alle chiese mosaicate del periodo bizantino.

Il sito di Tell er-Rumeileh identificato con la città di Beit Shemesh si trova poco a sud della grande arteria stradale all'altezza dello svincolo di Shaar Haggay ("porta della valle", in arabo Bab el-Wad). Arrivando da nord, sul lato orientale della strada moderna sono visibili le rovine della moschea di Abu Meizar, il nome arabo di Sansone. Questo edificio è tra i pochi risalenti all'epoca omayyade (VII secolo) di tutto Israele.

La città è bagnata dal torrente Sorek, che scorre verso ovest per entrare nel Mediterraneo vicino a Palmahim. Nella valle di Sorek sono ambientate le vicende favolose di Sansone, che doveva combattere i vicini filistei. La sua prima moglie era una filistea di Timna, un sito scavato che dista 4 chilometri da Zorea, verso sudovest. Nel viaggio verso la casa della moglie squarciò un leone con le mani, «come si squarcia un capretto» (Gdc 14,6). Per vendetta legò le fiaccole alle code di 300 volpi per bruciare i campi di grano e gli ulivi dei filistei (Gdc 15,4-5). Con una mascella d'asino uccise mille nemici alla Roccia di Etam (Gdc 15,8-16). Ma poi si innamorò di Dalila, «una donna della valle di Sorek» (Gdc 16,4). Dalila portò alla rovina

BEIT SHEMESH

Silos e pozzi

◀ Un pozzo per la riserva di acqua piovana della città israelitica.

▲ Trincea dello scavo recente di Beit Shemesh: è stato raggiunto il livello del Ferro II, o periodo israelitico.

▶ Dettagli dello scavo nella trincea sul versante meridionale: si vede un silos fatto con sassi irregolari, e una vaschetta in pietra per l'acqua.

L'acropoli della città

La cittadella o acropoli di Lachish vista dalla porta a tenaglia.
Il palazzo era la sede del governatore militare di Lachish, autore di
alcune lettere. Il palazzo (36 x 76 metri) non è ancora stato scavato.

La grande quercia di Lachish, monumento naturale cresciuto
nei pressi del pozzo.

Dettaglio del muro difensivo di nord-ovest, con il torrione allo
spigolo; davanti si vede la rampa (*agger*) costruita dall'esercito
di Sennacherib per avvicinare le macchine d'assalto.

▲ Fonte d'acqua limpida

Il pozzo di Lachish, profondo 44 metri. Il re assiro Sennacherib si vanta negli *Annali* di aver distrutto tutte le città della Giudea (702 a.C.). Un secolo dopo Nabucodonosor invade nuovamente la Giudea. Per mano di Babilonia la rovina cade prima su Lachish e poi su Gerusalemme.

▼ Cronache dal passato

La stanza delle "lettere" di Lachish. In questo ambiente sono stati trovati 18 ostraca; altri tre erano sparsi sulla strada di accesso; uno solo fu rinvenuto dentro le rovine del palazzo dell'acropoli.

Sansone che le aveva rivelato il segreto della sua forza sovrumana. Legato e accecato, morì a Gaza: «Che io muoia insieme ai filistei!» (Gdc 16,30).

Lo scavo di Beit Shemesh è stato fatto in tempi diversi. La prima spedizione (1911-1913) fu guidata da D. Mackenzie; la seconda fu curata da E. Grant (1928-1931); gli scavi attuali sono stati ripresi nel 1990 da S. Bunimowitz e Z. Lederman. I periodi meglio rappresentati sono il Bronzo Medio, il Tardo Bronzo e il periodo del Ferro II. È molto evidente anche l'epoca bizantina, quando il centro era occupato da un grande monastero. La città del Medio Bronzo aveva mura difensive imponenti protette da torri rettangolari, e una porta del tipo a tenaglia semplice. I reperti più interessanti del Tardo Bronzo sono le iscrizioni in ugaritico e fenicio. Al periodo del Ferro II risalgono le mura a casematte e alcuni impianti per lavorare l'olio e il vino. La ceramica risulta essere mista, cioè filistea e comune israelita, perché la città di Beit Shemesh era al confine con i centri filistei della pianura con i quali commerciava i prodotti agricoli. Sono stati recuperati molti stampi delle giare del re (*lemelek*) e un sigillo

di «Elyakim servo di Yochan». Durante tutto il periodo bizantino il sito fu molto prospero. Una struttura monastica di 50 x 60 metri, trasformata successivamente in *khan*, si è conservata in buone condizioni. I muri esterni del monastero sono larghi 2 metri; tre capitelli con croce a rilievo provengono dal salone principale che era una cappella priva di abside.

I misteri di Lachish

Verso la parte meridionale della Shefelah si entra nella valle che nasconde Tell ed-Duweir, il nome arabo della città di Lachish. L'identificazione di Lachish è stata facilitata dagli scavi eseguiti in diverse fasi. Negli anni 1932-1938 la spedizione inglese guidata da J.L. Starkey e O. Tufnell ha esaminato la storia occupazionale del sito. L'israeliano D. Ussishkin ha continuato le ricerche negli anni 1973-1994 e ha contribuito a fare nuova luce sulla storia del luogo. Dal 2011 sono ripresi i lavori di scavo e di restauro del settore vicino alla porta di accesso alla città, a cura del Dipartimento delle Antichità israeliano. Lo scopo primario è ricostruire in parte le strutture difensive rimaste e restituire Lachish all'attenzione dei visitatori. Ma non solo.

I lavori attuali seguono una guida molto precisa, cioè le fonti assire. Tra queste una specie di mappa voluta dal conquistatore assiro a ricordo della campagna militare del 702 a.C. Infatti sulle pareti del palazzo reale di Ninive è stato eseguito il rilievo che descrive a tinte forti la cattura di Lachish: «Sennacherib, re di tutta la terra, re di Assiria, siede in trono e passa in rassegna il bottino preso da Lachish». I dettagli inseriti nel rilievo sono una fonte preziosa per riconoscere le strutture murarie, i soldati e gli oggetti asportati dagli assiri come bottino; tra questi, donne e bambini portati in esilio, un trono reale, uno scettro, due incensieri, molte armi, le giare dei rifornimenti alimentari e oggetti preziosi.

Lachish nasconde molti misteri. Tra essi la presenza di un santuario di epoca israelitica sul versante nord, le dimensioni della cittadella israelitica (36 x 76 metri), la storia del *sinnor* o pozzo per l'acqua sul versante orientale della collina. Da ultimo, esiste la fondata speranza che possano essere ritrovate altre testimonianze epigrafiche dopo le lettere del XIV secolo a.C. e gli ostraca del VII e VI secolo a.C.

Città gloriosa

Gli esiti finali degli scavi dicono che la città nacque all'inizio del II millennio a.C. e con alterne vicende restò in vita fino alla fine del Tardo Bronzo (ca. 1160 a.C.). Nel periodo del Medio Bronzo (1900-1550 a.C.) a Lachish furono edificati il massiccio muro difensivo, la reggia e un tempio sulla sommità del colle. La città fu distrutta nel XVI secolo a.C. ma fu subito ricostruita.

Il Tardo Bronzo è stato un periodo molto prospero, a giudicare dalle strutture rimaste e dalle informazioni scritte arrivate fino a noi. La prima è la documentazione del Papiro Hermitage 116A risalente al tempo del faraone Amenofi II (1427-1402 a.C.). In esso si parla di beni alimentari inviati in Egitto, tra cui orzo e birra: si tratta di una delle più antiche informazioni relative alla produzione di birra fatta con l'orzo, una pratica che continua con successo fino ai nostri giorni. Nel secolo successivo si registrano le lettere che i governatori di Lachish inviavano al faraone Amenofi IV (1370-1340 a.C.). Sono state recuperate dall'archivio di el-Amarna sei lettere provenienti da Lachish; i nomi di questi re che si dichiarano fedeli sudditi del faraone sono Yabi-Ilu, Zimri-Addu e Shpti-Baal.

La città del tempo era dotata di mura difensive, di un pozzo profondo 44 metri sul fianco nord, e di vari edifici. Due di questi sono stati molto importanti per definire bene la cronologia del Tardo Bronzo: si tratta di due templi a carattere misto egiziano e cananeo, cioè semitico. Uno si trova nel fossato ai piedi dello spigolo nord delle mura; il secondo sotto le fondazioni del palazzo reale israelitico, sulla sommità della collina. Gli oggetti cultuali rinvenuti nelle macerie dei due templi formano una collezione unica: vasi per le offerte, piatti di importazione micenea, oggetti in avorio, alabastro, vetro, figurine, scarabei, statuine e gioielli d'oro; una pisside d'avorio micenea finemente decorata con scene di animali e un anello con inciso il nome di Ramses II. Da aggiungere la placca in oro con la figura di una dea egiziana nuda come una divinità cananea in piedi sul cavallo e due fiori di loto nelle mani (Hator o Asherah?).

Sembra che Lachish fu distrutta al tempo di Ramses IV (1182-1151 a.C.). Ma questa data non si trova in accordo con la notizia biblica di Gs 10,31-32 che attribuisce a Giosuè la distruzione della città cananea. Nel periodo del Ferro o israelitico, Lachish era diventata nuovamente una città molto importante. Fu dotata di mura difensive massicce, di una porta monumentale, della reggia, del santuario. La scoperta di molte giare con lo stampo del re (*lemelekh*) lasciano intuire che le provviste in preparazione alla guerra erano assicurate.

Le lettere dei comandanti militari scritte sugli ostraca ci dicono che l'amministrazione funzionava bene. La responsabilità della difesa di Lachish era assegnata al comandante Iaosh che obbediva al generale Koniahu, figlio di Elnatan. In una lettera si parla anche di un profeta anonimo, contrario alla politica filo-egiziana di Sedecia: forse si tratta del profeta Geremia.

L'acqua della città era garantita dal pozzo scavato nell'epoca precedente e l'agricoltura era la principale fonte di ricchezza. Nel corso del V secolo a.C. Lachish fu sostituita dalla vicina città di Maresha, che divenne la capitale amministrativa dell'Idumea. La gloriosa città di Lachish divenne un piccolo villaggio, appena nominato dalle fonti bizantine.

GERICO

Superato il Monte degli Ulivi, la strada che da Gerusalemme porta alla valle del Giordano scende ripida. In pochi minuti si lascia il caos della città per ritrovarsi nella serenità del deserto di Giuda. Alla fine della discesa, ecco l'oasi di Gerico con le sue antichissime vestigia. L'area archeologica domina la parte centrale dell'oasi.

◄ Spesse mura

La trincea meridionale scavata da Kathleen Kenyon. In primo piano si notano i muri in mattoni di un edificio esterno addossato al muro ciclopico che risale al Medio Bronzo. In alto il muro in mattoni rossi del Bronzo Antico.

Gerico dista 30 chilometri da Gerusalemme e 10 dal Mar Morto. È situata nella fossa giordanica, a 250 metri sotto il livello del mare. La pianura di Gerico riceve poca pioggia invernale ma l'acqua, sia per i campi che per gli abitanti, è garantita dalle due sorgenti di Ayn as-Sultan (sorgente di Eliseo) e di Ayn Dyuq (Naaran), e da altri torrenti che scendono dalla montagna. Il clima sempre caldo, la vegetazione fiorente, la gente ospitale caratterizzano quella che è considerata la "città più antica del mondo".

Il paesaggio desolante dell'Arabah è dominato dalla Montagna della Tentazione, con il monastero ortodosso che si arrampica sul fianco della roccia. Se la sorgente di Eliseo rimanda alla figura profetica dell'Antico Testamento, il sicomoro conservato in città richiama la conversione di Zaccheo, narrata dall'evagelista Luca (19,1-10). Negli scavi di Gerico risuonano le guerre di Giosuè e le battaglie incruente degli archeologi. La città, infatti, è associata alla sua conquista, come descritta dalla Bibbia, con le mura dei cananei che crollano al suono delle trombe dei leviti.

Gli scavi

Il centro della nostra attenzione è la piccola collina di Tell as-

GERICO

Sultan, che si innalza appena 24 metri sul terreno circostante. L'area dell'insediamento antico copre 4 ettari di superficie. È la Gerico più antica, che ha cominciato ad essere abitata a partire dal XII millennio a.C.

La ricerca archeologica ha trovato negli scavi di Tell as-Sultan un banco di prova di assoluto valore. Nel corso del XIX secolo si sono alternati nello scavo archeologi di scuole differenti, ciascuno portando un granello di verità, ma nessuno riuscendo a convincere definitivamente della propria tesi. Chi ha costruito la torre nel corso del VII millennio a.C.? E chi ha distrutto Gerico alla metà del II millennio a.C.? Le domande non ricevono risposte altrettanto semplici o convincenti.

GERICO

Giardino

▲ Panorama sulla valle del Wadi Nueima (Naaran) che irriga l'oasi di Gerico.

◀ Veduta sull'oasi di Gerico dalla collina di Tell as-Sultan, "la città più antica del mondo". Dal *tell* lo sguardo spazia verso il Mar Morto e oltre il Giordano.

▲ La torre della Luna

La torre del periodo neolitico (VII millennio a.C.) che probabilmente
aveva una funzione di culto dedicato al dio astrale Luna.

LA FONTANA DI ELISEO NELLA "CARTA DI MADABA"

L'oasi di Gerico è bagnata da tre corsi d'acqua principali: 'Ayn Qelt,
a sud; 'Ayn Duq, a nord; 'Ayn es-Sultan, che sfocia vicino a Tell es-Sultan.
La Carta di Madaba indica quest'ultimo come la fontana la cui acqua
il profeta Eliseo rese dolce e sana (2Re 2,19-22). Una cinquantina d'anni fa
era ancora visibile l'abside di un antico edificio, probabilmente una chiesa.
La posizione della vignetta sulla Carta, a nord della Gerico bizantina,
indica bene la distinzione tra la Gerico romano-bizantina e quella
dell'Antico Testamento.

▶ Trincea occidentale: si nota il muro in mattoni rossi del periodo
del Bronzo Antico.

▲ Le antiche difese di Gerico

Il muro ciclopico del Medio Bronzo che ha ispirato il racconto della conquista di Gerico di Giosuè.

Gli inizi della ricerca a Tell as-Sultan non furono proprio esaltanti. Nel 1868 l'inglese Charles Warren aveva scavato delle gallerie giungendo quasi a sfiorare la torre neolitica e aveva concluso: «Qui non c'è niente da scoprire!». Ma gli scavi delle varie spedizioni archeologiche hanno invalidato quella profezia e hanno portato alla luce civiltà prima sconosciute.

Gli archeologi di Tell as-Sultan sono sempre stati ansiosi di trovare risposte o conferme alla storia narrata in Gs 6. Il raccon-

dell'intervento divino. Le trombe, l'arca e i leviti sono il simbolo dell'azione miracolosa di Dio che consegna a Israele la prima città del Canaan. Il personaggio di Rahab, la prostituta di Gerico che apre le porte della città a Giosuè, profetizza con largo anticipo quanto il Signore sta per fare: «Ora io so che il Signore vi ha consegnato il paese» (cfr. Gs 2,9). La sorte dei cananei è segnata, ma almeno «un resto», vale a dire la famiglia di Rahab, entra nel popolo dei credenti.

to biblico oggi non viene più ritenuto come la cronaca fedele della conquista della città, ma piuttosto una rielaborazione tardiva, orientata a spiegare in che modo il possesso del paese dei cananei sia stato opera esclusiva

"Lady archeologia"

Gli scavi sono stati eseguiti in epoche differenti a cominciare dalla spedizione tedesca guidata da Ernst Sellin e Carl Watzinger che hanno effettuato ricerche estensive negli anni 1907-1909.

La montagna di Duqa

▲ Il monastero ortodosso della Quarantena costruito sul fianco della montagna di Duqa.

◀ La montagna di Duqa conserva la grotta di San Caritone, il primo insediamento monastico in Palestina (IV secolo d.C.).

In questa prima fase sono state trovate le mura della città del Bronzo Antico e quelle del Medio Bronzo. La cronologia delle due città è sicura: la prima ebbe vita dal 3000 al 2000 a.C., la seconda dal 1900 al 1500 a.C.

L'inglese J. Garstang, che all'epoca era il direttore del neonato Dipartimento delle Antichità di Palestina, ha continuato l'esplorazione di Tell as-Sultan negli anni 1930-1936. Il suo contributo principale è di aver scoperto le civiltà

Chi va dal Giordano a Gerico fa sei miglia di strada. Agli occhi della gente fo-
restiera Gerico sembra un paradiso. Esiste la casa di Raab, che è un ospizio,
e la stessa stanza, dove nascose gli esploratori, è un oratorio di Santa Maria.
(...) Davanti alla basilica si estende una campagna, che è il campo del Signo-
re, dov'Egli seminò con la sua mano; il seminato produce fino a tre moggi e
si raccoglie due volte all'anno, senza che nessuno abbia seminato, ma nasce
da se stesso. Si raccoglie nel mese di febbraio, e quindi con quel (grano)
facciamo la Comunione a Pasqua. La sorgente d'acqua, che raddolcì Eliseo,
irriga tutta Gerico. Là si fa un vino che è una bevanda offerta ai febbricitanti.
Là cresce un dattero pesante una libbra... Là nasce un cetriolo di quaranta
libbre e il baccello del fagiolo lungo due piedi e largo due dita. Là esiste pure
un'uva che si vende a cesti pieni sul Monte Oliveto alla festa dell'Ascensione
del Signore; a Pentecoste si fa il mosto e si espongono alla vendita delle
giare piene. Nell'uscire dalla città, andando verso Gerusalemme, (...) vi sta
quell'albero sul quale salì Zaccheo per vedere il Signore; codesto albero è
contenuto dentro un oratorio, ed è lasciato fuori libero attraverso il soffitto;
naturalmente è secco. Nello spazio che si estende fra la distrutta città e il fiu-
me Giordano vi sono molti palmeti, i quali hanno nel mezzo dei campicelli,
in cui sono costruite numerose case di povera gente di stirpe cananea.

preistoriche che avevano occupato il sito prima della fondazione della città. Le sue scoperte all'inizio non erano state interpretate correttamente. Questo compito fu dato a Kathleen Kenyon, la vera signora dell'archeologia biblica. Lady Kenyon ha eseguito gli scavi definitivi per Tell as-Sultan negli anni 1952-1958. Per la prima volta introdusse il metodo della trincea, capace di "leggere" la storia occupazionale del sito senza distruggerlo. Inoltre portò chiarezza sulla successione delle fasi preistoriche di Gerico. A partire dal XII millennio a.C. si sono succedute la civiltà kebariana, la cultura natufiana e il neolitico ceramico (VII millennio a.C.).

La più interessante fu la civiltà natufiana, alla quale appartengono i primi tentativi di coltivazione dei cereali e dei legumi. Gli strumenti da lavoro erano ottenuti intagliando le selci per ottenere microliti bifacciali da taglio e da punta come trancetti, picchi, rasoi, punte di lancia. Gli strumenti litici erano usati anche per la caccia degli animali attirati dall'acqua dell'oasi: gazzelle, bovini, capre e maiali selvatici. La novità introdotta nel periodo neolitico fu l'uso della ceramica, con un miglioramento notevole nella conservazione dei cibi e nelle condizioni igieniche.

Nel periodo neolitico ceramico (VII millennio a.C.) a Gerico fu costruita la torre in pietra visibile nella trincea ovest. È una torre massiccia, del diametro di 9 metri alla base, appoggiata a un muro largo 3 e alto 5 metri. Si eleva per 7,7 metri e all'interno ha una scalinata di 20 gradini che portano alla sommità. La funzione della torre non è stata chiarita. Varie spiegazioni offerte dagli studiosi non sono da prendere in considerazione, come quella difensiva o di avvistamento, perché la torre non offre spazi interni e si trova all'interno del muro difensivo. La più affascinante sembra essere la funzione religiosa: una torre sopra la quale si recava un sacerdote per offrire un culto agli dei celesti. Allora sarebbe meglio correggere il titolo dato alla città da Kathleen Kenyon; Gerico non è "la città più antica del mondo" ma "la città della Luna".

Dopo un'interruzione durata per tutto il IV millennio a.C., la collina fu rioccupata dalla prima città provvista di cinta muraria e fortificazioni, agli inizi del III millennio. Sono le mura in mattoni rossi visibili nelle trincee aperte sui tre lati del *tell*. La città fu distrutta violentemente verso il 2200 a.C. ma fu ricostruita con mura possenti, dette ciclopiche, agli inizi del II millennio a.C. K.M. Kenyon ha scavato anche le tombe di questa città del Medio Bronzo, poste sia dentro che fuori del sito abitato. La caratteristica delle sepolture consiste nelle maschere di ceramica che venivano applicate ai teschi dei defunti.

La trincea sud mostra le mura ciclopiche del Medio Bronzo al livello inferiore. Sono quelle crollate al suono delle trombe dei leviti secondo il racconto biblico. Queste mura, distrutte verso il 1550 a.C., sarebbero la testimonianza che Israele ha ricevuto la città dei cananei in dono da Dio. Sulle rovine della città del Medio Bronzo è stata ricostruita la città di epoca israelitica, secondo la profezia di Gs 6,26 e 1Re 16,34: ai giorni di Acab re di Israele, un efraimita di Betel ha ricostruito le mura di Gerico sui cadaveri del suo primogenito (Abiram) e del suo ultimogenito (Segub) sacrificati a un dio Moloch.

MASADA

Il Mar Morto si allunga per 80 chilometri tra il Deserto di Giuda e la Montagna di Moab. Costeggiando il lago salato sul versante di Gerico, superata l'oasi di Eyn Gedi si arriva ai piedi di Masada, la rocca naturale sulla quale Erode costruì una serie di palazzi degni di ammirazione.

◀ Il palazzo

I magazzini costruiti a ridosso del palazzo settentrionale. Alcune stanze assegnate agli ufficiali di guardia sono decorate con affreschi e stucchi.

Masada è una residenza-fortezza costruita su uno sperone roccioso. Si eleva 440 metri sul Mar Morto e circa 50 sul livello del mare. La sommità dello sperone staccato dalla montagna è lunga 600 metri e larga 300, quindi forma un'area capace di accogliere un nutrito gruppo di persone. Giuseppe Flavio, nel raccontare la resistenza alle truppe romane, scrive che vi erano asserragliati quasi mille zeloti tra militari e loro familiari.

Lo storico narra con dovizia di particolari la storia di questo sito divenuto simbolo dell'epopea giudaica. Si sofferma con ammirazione sulle costruzioni di Erode ed esalta l'eroica difesa degli zeloti contro le legioni di Flavio Silva. Il "sentiero del Serpente", i campi dei legionari, le cisterne, il muro perimetrale a protezione della montagna, le torri difensive, le comodità dei palazzi reali sono descritti fedelmente. Un vero piacere per

MASADA

◀ L'assedio romano

La rampa (*agger*) costruita dai soldati romani per assalire la porta occidentale. Era fatta di travi lignee di contenimento, pietre e terra di riporto. Permetteva agli assalitori di avvicinare la torre con l'ariete che doveva sfondare il muro difensivo.

▲ Il palazzo intermedio in pianta circolare. I muri furono cimati e le colonne gettate nel vuoto dai soldati romani.

▲ Al tramonto

Dalla fortezza di Masada si gode uno stupendo panorama sul Mar Morto e il Ghor es-Safi, nel settore giordano.

gli archeologi che hanno studiato e studiano il sito e per quei turisti che amano leggere le pagine dello storico giudeo mentre visitano il luogo.

Giuseppe Flavio ha evidentemente un duplice scopo. Da una parte intende celebrare la grandezza di Erode, dall'altra vuole esaltare la resistenza degli zeloti, il cui ultimo atto (il suicidio collettivo) segna l'inizio del mito di Masada.

Archeologia a Masada

Dopo la fase delle esplorazioni, i primi scavi a Masada (Khirbet es-Sebbe) furono diretti da Ygael Yadin negli anni 1963-1965. Una seconda serie di scavi fu condotta da Ehud Netzer nel periodo 1989-2000. Oggi continuano i lavori di restauro dei monumenti. Gli scavi forniscono dati sugli edifici di Masada che confermano l'attendibilità della testimonianza di G. Flavio. La montagna era stata scelta dagli asmonei (134-76 a.C.) per farne una residenza principesca e una fortezza sul confine con i nabatei.

La ricostruzione ad opera di Erode il Grande dopo il 37 a.C. cancellò ogni traccia degli edifici asmonei. Il periodo erodiano consta di tre fasi successive. Alla prima, databile a partire dal 35 a.C., risale il palazzo occidentale (che misura 23,5 x 28 metri). In questa struttura risalta il magnifico mosaico ben conservato delle terme. Alla seconda fase, dopo il 25 a.C., viene assegnato il palazzo nord, costruito su tre livelli di altezza. Rispetto al palazzo superiore, quello intermedio si trova 15 metri più in basso, quello inferiore a ben 35 metri. I tre palazzi sono stati concepiti seguendo tre diversi criteri geometrici: rettangolare in alto, circolare in posizione mediana e quadrato in basso.

Il palazzo superiore fungeva da area domestica, con 4 stanze per la notte separate da una sala (7,5 x 11,5 metri). Il pavimento delle stanze era mosaicato con motivi geometrici a colori bianco e nero. Le pareti erano affrescate. Un portico distilo apriva dalla sala verso un'ampia balconata semicircolare che si protende verso nord. Ha un raggio di 9 metri e aveva colonne poste su due file.

Una scala permetteva di raggiungere il palazzo sottostante, quello intermedio. Il muro esterno, sormontato da colonne, aveva un diametro di 15 metri. Il cerchio interno, di 10 metri di diametro, formava un *tholos*, una sala per ricevimenti. A est della sala si trova una stanza la cui destinazione non è chiara. La parete a ridosso della montagna presenta ancora 5 nicchie che potevano contenere statue o altri oggetti. Il palazzo era provvisto di una piccola piscina e di un bagno rituale.

Il palazzo inferiore è il meglio preservato. Occupa un'area di 17,6 x 17,6 metri e aveva la funzione di terrazza all'aria aperta. Al centro si trova una sala di 9 x 10 metri delimitata da colonne sui quattro lati. Le pareti della struttura erano decorate con affreschi e con stucchi in gesso. Sul lato est vi era un piccolo complesso termale, più basso rispetto alla grande sala.

Le terme, benché si trovino a una certa distanza, sono connesse al palazzo di nord. L'ingresso è costituito dalla palestra, dai pavimenti rivestiti da mosaici a tessere bianche e nere; vi prevale il motivo dell'esagono. La struttura delle terme copre un'area di 11,5 x 17,5 metri e comprende lo spogliatoio, il tepidario, il frigidario e il calidario. Quest'ultima sala, in pianta quadrata (6,6 metri di lato), era coperta da una cupola. Le colonnine a sostegno del pavimento e alcuni tubi per la cir-

colazione dell'aria calda si sono preservati molto bene.

A protezione del palazzo reale erano state costruite le caserme per i soldati e i magazzini-depositi. Alcune tracce di pitture di stile pompeiano su intonaco sono state restaurate di recente.

Alla terza fase, datata al 15 a.C., appartiene la costruzione del muro difensivo a casematte lungo 1.400 metri e largo in media 4. Il muro era protetto da 37 torri poste a intervalli irregolari. Quattro porte permettevano l'accesso allo spazio superiore. A est una porta apriva verso il "sentiero del Serpente"; una piccola porta apriva verso la valle di sud. A ovest vi era la porta principale, quella che i soldati romani sfondarono con l'ariete nell'assalto finale. A nord si trova la porta delle acque, vicina al palazzo principale.

Dopo la conquista della fortezza da parte dei ribelli giudei nel 66 d.C., l'aspetto militare del luogo divenne più evidente. Ai rivoltosi si devono anche alcune strutture pubbliche di carattere religioso, tra cui la sinagoga e alcuni bagni rituali.

Gli acquedotti e le cisterne per l'approvvigionamento dell'acqua sono opere idrauliche no-

◀ Tombe

Un colombario costruito dai romani dopo la conquista della fortezza di Masada.

tevoli. Un acquedotto largo 1,4 metri portava le acque dalla valle di Masada alle cisterne superiori. Un altro canale proveniva dalla valle di Ben Yair e riforniva le cisterne inferiori. Ci sono otto grandi cisterne, quattro nella linea superiore e quattro in quella inferiore. La riserva d'acqua raggiungeva un totale di 40 mila metri cubi.

L'assedio imposto dai romani fu impenetrabile. I soldati costruirono il muro di recinzione (*vallus*) intervallato da otto campi militari e da una serie di torri di avvistamento. Il punto più debole di Masada era il fianco occidentale, e fu lì che i legionari costruirono la rampa (*agger*) per avvicinare le macchine d'assalto, torri e arieti. Lo sfondamento della porta e delle torri difensive del muro di ovest fu portato a termine dai soldati della *legio decima fretensis* al comando di Flavio Silva la vigilia della Pasqua del 73 d.C. Secondo Giuseppe Flavio tutti gli abitanti di Masada si suicidarono nella notte precedente. Gli storici dubitano dell'autenticità di questa notizia

◀ **Affreschi**

Interno del palazzo inferiore, decorato con affreschi, stucchi e colonne.
I colori dell'affresco in stile pompeiano sono stati restaurati di recente.
Si tratta del manufatto meglio conservato del complesso.

▶ **Antico mosaico**

Dettaglio del
mosaico che decora
le terme del palazzo
occidentale.
Il fiore centrale
è circoscritto
dal motivo del
cancorrente.
È tra i più antichi
mosaici mai ritrovati
in Israele.

che ha fatto di Masada un luogo leggendario.

L'attività edilizia riprese in epoca bizantina, nel V e VI secolo d.C., quando una comunità di monaci occupò alcune grotte e costruì la chiesetta al centro della spianata superiore. Una parte del mosaico della sacrestia si è preservata; presenta 16 medaglioni con fiori e frutta e un cesto d'uva. La decorazione delle pareti consiste in cocci di ceramica infissi nell'intonaco. I monaci aprirono un accesso a Masada sul versante occidentale sfruttando la rampa romana.

Manoscritti

Negli scavi di Masada sono stati trovati tanti oggetti materiali di epoca erodiana (39 a.C.-73 d.C.). Monete, ostraca, vasi di ceramica, lucerne, tessuti, sandali, utensili da lavoro, armi, fionde, punte di freccia e lance, oggetti in legno e osso formano il tesoro che oggi è custodito nel museo archeologico allestito all'ingresso del sito.

I reperti più preziosi sono i frammenti di pergamena con testi dell'Antico Testamento e preghiere del rito sinagogale. Tali

▶ **Casa di Dio**

Interno della sinagoga. Si notano le gradinate per i fedeli e quanto rimane delle colonne che sostenevano il soffitto. Nell'angolo nord-ovest della sala si trova la stanza deposito che probabilmente conservava il rotolo della *Torah* e i libri liturgici.

▼ **Anacoreti**

Le grotte usate dai monaci della laura al-Marda.

frammenti conservano testi del Levitico, del Deuteronomio, di alcuni Salmi e del profeta Ezechiele. Tra gli apocrifi compare il *Libro dei Giubilei*, tra i testi liturgici le preghiere del Sabato. Alcuni manoscritti sembrano provenire da Qumran, un indizio che fa pensare alla vicinanza tra gli esseni e gli zeloti al momento della ribellione della Giudea contro Roma.

Di particolare rilievo è stato il ritrovamento del Siracide in lingua ebraica. Questo libro non entrò a far parte del canone biblico del giudaismo, perché era conosciuto solo nel testo greco. A Masada sono stati ritrovati i capitoli 39,27-44,17 del Siracide in ebraico, che si aggiungono al manoscritto dello stesso libro, sempre in lingua ebraica, trovato nella *Genizah* della sinagoga

del Cairo. Il Siracide in lingua greca, dunque, è una traduzione di un originale in lingua ebraica.

La sinagoga

Una delle più importanti scoperte archeologiche di Masada è la sinagoga. Fu costruita dopo la conquista (66 d.C.) della fortezza da parte di Menahem ben-Yair il Galileo, capo degli zeloti. Andò distrutta nel 73 d.C. insieme al resto degli edifici. L'ambiente è orientato in modo approssimativo verso nord in direzione di Gerusalemme. Insieme a quelle dell'Herodion, di Magdala e di Gamla, la *Beit Knesset* di Masa-

da è una delle quattro sinagoghe distrutte nella prima rivolta contro Roma finora rinvenute.

La sinagoga di Masada fu ricavata adattando una casamatta nel muro occidentale. È a forma di "L", perché l'angolo di nord-ovest fu trasformato in deposito. La struttura misura 10,5 x 12,5 metri, aveva 5 colonne per sostenere il soffitto e le bancate per i fedeli su tre lati. Non aveva un posto fisso per la *Torah,* che probabilmente era conservata nella stanza di servizio. È negli ambienti vicini alla sinagoga che sono stati trovati la maggior parte dei frammenti di rotoli con i testi biblici.

QUMRAN ED EYN GEDI

Sulle rive del Mar Morto, alla scoperta del mistero dei manoscritti venuti alla luce nelle grotte di Qumran, che ci hanno restituito libri molto antichi della Bibbia e testi della setta degli esseni. Ma anche del fascino dell'oasi di Eyn Gedi, dove è stato ritrovato un luogo di culto che risale agli albori della civiltà.

◀ Paesaggio lunare

Vista sull'estremità meridionale del Mar Morto. Sullo sfondo si vedono le Montagne di Moab. Da anni ormai il Mar Morto è separato in due bacini a causa della scarsità di acqua immessa, che non riesce a compensare il calo di livello dovuto alla fortissima evaporazione.

Il sito archeologico di Khirbet Qumran dista 2 chilometri dal Mar Morto e 19 da Gerico. La saga di Qumran è iniziata nel 1947, quando un beduino di nome ed-Dhib della tribù dei Taamireh di Betlemme scoprì per caso la prima giara contenente tre rotoli di pergamena. Si trattava del rotolo del Profeta Isaia, del Commentario (*Pesher*) al Profeta Abacuc e del *Manuale di Disciplina*. Da quel momento le ricerche di manoscritti si estesero fino a raggiungere la grotta n. 11. In totale, nelle ricerche iniziali furono trovati sette rotoli completi. Le ultime scoperte sono avvenute nella grotta n. 4 che conteneva 40 mila frammenti di pergamena.

QUMRAN

▶ Le grotte dei Rotoli

La collina dove si nota ancora la grotta n. 4 rimasta intatta. Accanto si trova la grotta n. 5, ormai crollata completamente. In quest'area vennero ritrovate, nel 1947, le prime giare contenenti i rotoli di pergamena con il libro del Profeta Isaia, il Commentario (*Pesher*) del Profeta Abacuc e il *Manuale di Disciplina* degli esseni.

▲ **Doppia corsia**

Una caratteristica vasca rituale o *miqweh*, con le corsie marcate per separare chi entra da chi esce.

▶ **Il *miqweh***

La grande vasca rituale con doppio ingresso per gli esseni, molto legati al problema della purità legale.

Lo studioso E. L. Sukenik dell'Università ebraica fu il primo a capire l'antichità e il valore dei manoscritti e ne acquistò tre. Altri studiosi non erano altrettanto sicuri e dubitavano dell'autenticità del materiale rinvenuto. Dopo varie vicende, che talvolta hanno assunto quasi i tratti di intrighi internazionali, i manoscritti sono stati raccolti nel Museo d'Israele, nel Museo Rockefeller e nella biblioteca dell'École biblique et archéologique française di Gerusalemme.

L'importanza dei manoscritti di Qumran risiede anzitutto nella loro antichità. I manoscritti che contengono testi biblici sono stati datati tra il II secolo a.C. e il I secolo d.C., per cui ora possediamo testimoni molto antichi di libri dell'Antico Testamento. In secondo ordine vengono i libri propri della setta (*Regola della Comunità* o *Manuale di Disciplina*, *Libro dei Giubilei*, *Regola della Guerra*, *Rotolo del Tempio*, *Documento di Damasco* e altri), che ci fanno conoscere un movimento eretico del giudaismo iniziato nel periodo postesilico e culminato nello scisma da Gerusalemme intorno alla metà del II secolo a.C.; una setta distinta dai farisei e dai sadducei che animavano la vita della comunità giudaica ai tempi del Nuovo Testamento. Nel 154 a.C. era morto Alcimo, l'ultimo sacerdote della famiglia zadoqita, e in quell'occasione Gionata e poi Simone Maccabeo ottennero, sotto compenso, il sacerdozio dai siriani (cfr. 1Mac 14,30-39). Un negozio inaccettabile per alcuni. Il sommo sacerdote di Gerusalemme diventa così il "Maestro Malvagio" dei testi di Qumran, a cui si oppone il misterioso "Maestro di Giustizia", l'erede legittimo (zadoqita) della carica sacerdotale.

▲ La fornace del vasaio

Il forno del vasaio dove erano preparati i vasi usati dalla comunità di Qumran. Dovevano essere preparati secondo una *halakha* (osservanza della legge) molto rigida.

I lavori di Roland de Vaux, il primo a scavare a Khirbet Qumran, si protrassero dal 1949 fino al 1956, quando terminò lo studio dell'insediamento satellite di Ayn Feshqa a 5 chilometri di distanza. Le sue conclusioni sono ancora oggi il punto di partenza di ogni discussione, sia favorevole sia contraria all'ipotesi essena di Qumran. Secondo l'ipotesi

▲ Acque preziose

Panoramica sul Wadi Qumran, il torrente che alimentava le riserve d'acqua dell'insediamento di Qumran. Un canale raccoglieva le piogge e le convogliava nelle cisterne a disposizione della comunità.

tradizionale basata sugli scavi e confortata dallo studio dei testi propri della setta, si può ancora sostenere che i testi furono scritti nell'insediamento di Qumran e che furono nascosti nelle grotte vicine dagli esseni stessi, in vista della guerra contro i romani negli anni 70-72 d.C. Le giare tipiche di Qumran che contenevano le pergamene sono state trovate dentro gli

▼ Insediamento fortificato

Una grande e profonda vasca raccoglieva l'acqua dal canale di alimentazione all'esterno dell'insediamento fortificato.

ambienti dell'insediamento. I banchi trovati nella sala dello scrittoio sono indizi dell'attività scribale della comunità.

Nella visita a Khirbet Qumran si fanno notare i numerosi canali, le vasche di raccolta dell'acqua e la torre difensiva posta allo spigolo nord-ovest dell'insediamento. L'interno del complesso è caratterizzato da locali molto grandi, adatti alla vita di un gruppo. Tra questi sono stati identificati la cucina, il refettorio, il forno del vasaio e alcuni bagni rituali o *miqwot*.

Eyn Gedi, la sorgente del Capretto

Eyn Gedi è un'oasi a 53 chilometri a sud di Gerico. Il luogo è favorito da sorgenti perenni, la sorgente di Davide, la sorgente del Capretto e la sorgente di Shelomit. La presenza umana a Eyn Gedi risale al IV millennio a.C. A quest'epoca appartiene il santuario scoperto nel 1956 dagli archeologi israeliani J. Naveh e Y. Aharoni sul pianoro a 200 metri sopra il livello del Mar Morto, delimitato a nord dal Nahal David e a sud dal Nahal Arugot (il

I BALSAMI DI ENGADDI

In epoca biblica a Eyn Gedi venivano coltivate piante per la produzione di balsamo, come testimonia il Cantico dei cantici: «Il mio diletto è per me un sacchetto di mirra, riposa sul mio petto. Il mio diletto è per me un grappolo di cipro nelle vigne di Engàddi» (1,13-14). Gli archeologi hanno trovato grandi anfore risalenti alla fine del VII sec. a.C. che servivano per la produzione di balsami pregiati. È stata ritrovata anche una pentola con lingotti d'argento, utilizzati prima dell'avvento delle monete, che testimoniano la ricchezza della popolazione di Eyn Gedi.

torrente delle aiuole). In epoca biblica su Tel Goren (Tell el-Jurn) era sorta una città fortificata, la capitale del «distretto del deserto» secondo Gen 15,59. In epoca romana e poi bizantina l'oasi era sfruttata per la coltivazione dei datteri, del balsamo e per le acque termali. Eyn Gedi è ricordata come il «giardino chiuso» del re Salomone (Cant 1,14; 4,12; 6,2).

La sorpresa archeologica di Eyn Gedi è duplice: il santuario di epoca calcolitica (IV millennio a.C.) posto a 150 metri verso nord rispetto alla sorgente del Capretto, e in basso una sinagoga di età bizantina (IV-VI secolo d.C.) inserita in un quartiere urbano dove sono in corso attualmente degli scavi.

Il santuario si è preservato in buono stato. Gli elementi ancora visibili sono il muro di recinzione, la porta di ingresso, la strut-

tura circolare al centro del cortile, l'edificio sacro (3 x 20 metri) con porta e piattaforma semicircolare di fronte all'ingresso, un'entrata secondaria al complesso sacro a nord, una stanza secondaria.

La religione comincia a essere pubblica nel periodo calcolitico, e quello di Eyn Gedi è il più antico santuario pubblico finora rinvenuto in Terra di Israele. Lo scavo del santuario ha fornito risposte a qualche domanda ma ne ha lasciate altre in sospeso. Chi erano i fedeli che si recavano al tempio di Eyn Gedi nel IV millennio a.C.? Forse la risposta proviene dal ritrovamento del tesoro liturgico nella grotta di Nahal Mishmar, 6 chilometri più a sud, dove sono state scoperte centinaia di pezzi di rame che non hanno funzione militare ma di esibizione. Se si tratta del corredo religioso del tempio di

▲ **Cerchio di vita**

Panoramica sul tempio del periodo calcolitico di Eyn Gedi.
Al centro del recinto sacro si trova una struttura circolare del
diametro di 3 metri, dove forse era piantato l'albero della vita,
o albero di Asherah. Il tempio è isolato, perciò si pensa che qui
confluissero gruppi dell'oasi di Eyn Gedi o del deserto di Giuda.

Eyn Gedi, si può supporre che vi si celebrasse un culto fatto di processioni con stendardi e corone. Ci si domanda ancora quale tipo di culto fosse praticato a Eyn Gedi. La struttura circolare (3 metri di diametro) posta al centro del cortile viene interpre-tata oggi come il luogo dell'albero della vita. Questo elemento religioso viene riproposto nei tempi biblici come l'albero di Asherah. L'edificio di Eyn Gedi non è evidentemente una struttura privata. Resta l'enigma del perché nei pressi del santuario

▼ Santuario

Un'immagine dell'interno del santuario calcolitico di Eyn Gedi, lungo 20 metri e largo 3: una bancata corre lungo i lati della sala lunga e stretta. Una struttura semicircolare forse accoglieva, in una sorta di nicchia, le statue delle divinità e i vasi delle offerte tributate agli dei.

non si trovi nessun insediamento umano. Si suppone che il culto fosse praticato da gruppi nomadi residenti nell'oasi di Eyn Gedi o nel deserto di Giuda.

La sinagoga bizantina di Eyn Gedi ha una pianta basilicale (10 x 15 metri), un nartece, una *bemah* (piattaforma) e una piccola nicchia orientata in direzione nord. Il pavimento è mosaicato e porta i segni di varie fasi di realizzazione. La prima fase viene fatta risalire al IV secolo, l'ultima al VI secolo d.C. La sala della preghiera è dotata di una gradinata sul lato sud. A lato della nicchia si trova la cattedra di Mosè. Davanti alla *bemah* sono raffigurate tre piccole *menorot*, i candelabri ebraici.

L'ingresso si trova nel lato ovest ed è segnato dalla presenza di alcune iscrizioni peculiari. L'iscrizione aramaica è composta di 18 linee dove, assieme a testi

biblici, si leggono i nomi dello zodiaco, dei mesi e di personaggi biblici, benedizioni e maledizioni e una dedica finale. Le prime due linee portano i nomi dei patriarchi antidiluviani secondo il testo di 1Cr 1-4: Adamo, Seth, Qenan, Maalalel, Iared, Enosh, Matusalemme, Lamech, Noè, Sem, Cam e Yafet; alle linee 3-4 si leggono i dodici nomi dello zodiaco, mentre le linee 5-6 riportano i 12 mesi dell'anno in ebraico. Nelle linee 7-8 sono menzionati i nomi dei patriarchi e dei tre fanciulli del Libro di Daniele: «Abramo, Isacco, Giacobbe, Shalom. Hananiah, Mishael e Azaria. Pace su Israele»; nelle linee 9-10 appaiono i benefattori: «Sia ricordato in bene Yose e Ezron e Hizziqiyu figli di Hilfi». Questi nomi sono ripetuti in parte nelle linee finali (17-18). Il mosaico centrale è finemente stilizzato, con rombi, quadrati e cerchi concentrici. Il fine è di rappresentare il creato consacrato a Dio. Sono assenti le figure umane, mentre sono presenti animali. I simboli delle stagioni e i segni zodiacali sono richiamati nell'iscrizione dedicatoria.

◀ Fine mosaico

Il mosaico stilizzato con quadrati, rombi e un cerchio all'interno della sinagoga di età bizantina di Eyn Gedi. Figure simmetriche di animali adornano il cerchio più interno del mosaico centrale. Il cerchio raffigura la perfezione del cosmo dedicato a Dio.

▼ Sala del mosaico

La sinagoga di Eyn Gedi. In primo piano, la *bemah* (la zona riservata ai sacerdoti); davanti tre *menorot* (candelabri); al centro della sala il mosaico stilizzato con quadrati, rombi e un cerchio.

Tel Aviv-Giaffa
Lod
Ramleh
TERRITORI
PALESTINESI
Gerusalemme
• Betlemme

Giudea

▶ **In memoria dei martiri**

La Torre dei Quaranta
a Ramleh: per i cristiani
si tratta dei 40 martiri
di Cappadocia, per
i musulmani dei 40
compagni del profeta
Maometto. La torre è
alta 30 metri e fungeva
da minareto della
Moschea Bianca.
Fu costruita dagli
ayyubidi, secondo
l'iscrizione datata
al 1318.

RAMLEH E LOD

Ricche di storia e di monumenti archeologici: Ramleh, grosso centro industriale, e Lod, città antica abitata fin dal IV millennio a.C.

PERLE DELLA PIANURA

Non lontano da Tel Aviv si trova la città di Ramleh ("la sabbia"), oggi un grosso centro industriale con popolazione mista israeliana-araba. È l'ultima nata tra le città della pianura ed è divenuta capitale amministrativa per gli omayyadi (VII-VIII secolo) e per i crociati (XII secolo).

Poco più a nord troviamo Lod, sul Wadi al-Kabir. La città risale al Medio Bronzo (II millennio a.C.) ma fu abitata dall'uomo fin dal IV millennio a.C. Il suo nome campeggia sulla parete del tempio di Karnak nella lista delle città cananee conquistate da Tutmosi III. Per i cristiani divenne la città di Pietro (At 9,32-35) e di san Giorgio, martire nel 250.

La capitale omayyade

La città di Ramleh venne fondata dal califfo omayyade Suleiman Ibn Abd el-Malik (717 d.C.). La motivazione fu offerta dalla peste che decimò la vicina città di Nicopoli (Emmaus), e che perciò fu abbandonata agli inizi dell'VIII secolo. La costruzione della città di Ramleh metteva fine alla vita dei vicini centri di Diospoli (Lod) e Nicopoli (Emmaus) che avevano avuto grande risalto per tutto il periodo romano-bizantino, dal II al VII secolo. Ma soprattutto costituiva la novità politica introdotta dagli omayyadi di Damasco, un vero e proprio cambio epocale: Ramleh fu elevata al rango di capitale amministrativa della provincia *al-Filastin* (Palestina) al posto della precedente capitale della *Palaestina Prima*, cioè Cesarea Marittima. Da quel momento Ramleh crebbe e diventò la principale città della pianura, punto di collegamento tra il porto di Giaffa, la via che porta all'Egitto e quella che conduce

▲ La chiesa

Facciata della chiesa parrocchiale affidata alla Custodia di Terra Santa (1902). È dedicata a san Giuseppe di Arimatea e a san Nicodemo, i santi legati al racconto della Passione di Gesù.

▶ La cappella di Nicodemo

Nella cappella di Nicodemo è esposto il quadro del santo con gli strumenti della Passione.

alla montagna di Gerusalemme. Al periodo omayyade risalgono alcuni resti imponenti. Tra questi la cisterna di Sant'Elena che si trova a nord della chiesa dei francescani. Ma soprattutto la più antica moschea di Palestina, cioè la Moschea Bianca, rifatta e restaurata nei secoli successivi. La Moschea Bianca (Jamia el-Abyad) fu voluta da Suleiman Ibn Abd el-Malik (705-717) ma venne rinnovata in epoca ayyubide, come recita l'iscrizione di Seif ed-Din Baighut ez-Zahiri. Il complesso misura 100 x 100 metri, con un vasto cortile porticato.

Un altro edificio interessante di epoca omayyade è un pavimento musivo nel quale si trova un'iscrizione del Corano, il disegno di un *mihrab* e alcune figure di animali. Tra le memorie cristiane pre-crociate, le fonti scritte ricordano la chiesa di S. Cosma e quella di S. Ciriaco, entrambe distrutte nel 923.

Ramula, città crociata

Ramleh era la sede di una signoria feudale indipendente, protetta da mura, e arricchita da una roccaforte al centro della città. La ragione delle fortificazioni militari era evidente, perché da Ascalon, tenuta dagli egiziani fino al 1153, veniva una continua minaccia.

In epoca crociata Ramleh era identificata con Arimatea, la patria di Giuseppe che diede la sua tomba nuova per la sepoltura di Gesù. Accanto al culto di Giuseppe di Arima-

123

tea nacque la venerazione di Nicodemo, il personaggio al quale la tradizione apocrifa attribuiva la custodia degli strumenti della Passione, cioè chiodi, flagelli, corona di spine e tenaglie. Nel rifacimento della chiesa medievale del XVI secolo, i francescani ricostruirono la cappella dedicata appunto a Nicodemo.

Ramleh andò perduta al tempo di Saladino nel 1187, ma nel 1191 fu riconquistata da Riccardo Cuor di Leone che ne fece il suo quartier generale e fu la base di molte operazioni militari della terza crociata.

Negli anni della prima crociata era stata costruita la cattedrale dedicata a san Giovanni Batti-

RAMLEH

sta, trasformata nel XIII secolo dai mamelucchi nella Grande Moschea.

In epoca post-crociata fu ricostruita la Torre dei Quaranta, che fungeva da minareto alla Moschea Bianca. L'edificio è alto 30 metri e si trova sul portico occidentale del cortile della moschea. L'iscrizione sopra la

porta d'ingresso reca la firma di Muhammad Ibn Qalawun e la data del 1318. Per la tradizione è conosciuta come Torre dei Quaranta, che per i cristiani sono i 40 martiri di Cappadocia, mentre per i musulmani si tratta dei 40 compagni di Maometto.

All'inizio la presenza francescana a Ramleh fu saltuaria. Si ha notizia di una casa dei frati nell'anno 1296, e di un convento nell'anno 1392. Poi nel 1402 i cavalieri di Rodi ottennero dal sultano d'Egitto il permesso di costruire un ospizio, che un secolo dopo fu ceduto ai francescani. Dal XVI secolo i frati sono stabilmente a Ram-

◀ **Grande moschea**

Resti imponenti della Moschea Bianca. Il complesso è un quadrato di 100 metri di lato. Dalla Torre dei Quaranta si vedono i muri dell'edificio sacro di epoca omayyade. I signori di Damasco imposero un vero e proprio cambio epocale: Ramleh fu elevata al rango di capitale della provincia *al-Filastin* (Palestina) al posto della precedente capitale della *Palaestina Prima* (Cesarea Marittima).

◀ La moschea di S. Giorgio

Sulla tomba del martire Giorgio è costruita anche la moschea del villaggio. Secondo la tradizione, san Girolamo si fermò parecchi mesi presso i rabbini di Lydda per conoscere i testi biblici in lingua ebraica.

▼ Confinanti

Dal cortile dell'attuale moschea del villaggio si vede la facciata della basilica crociata di S. Giorgio.

leh con un convento, la chiesa di S. Giuseppe di Arimatea, la Casa Nova e le scuole. Ramleh era una tappa obbligata per i pellegrini cristiani che sbarcavano al porto di Giaffa e si avviavano verso Gerusalemme.

Nell'anno 1600 il viaggiatore Pietro della Valle menziona la chiesa della Madonna tenuta dai greci ortodossi e poi la casa di Nicodemo e di Giuseppe di Arimatea, «dove i sacerdoti di passaggio celebrano la Santa Messa. Questa si deve intendere la dimora dei francescani».

Napoleone Bonaparte fece tappa a Ramleh nella sua campagna in Medio Oriente, sequestrò il convento dei francescani e usò la chiesa come infermeria per le truppe francesi che assediavano Giaffa (1799).

La parrocchia latina di Ramleh crebbe costantemente e nel 1902 la Custodia di Terra Santa costruì l'attuale chiesa parrocchiale.

Lod, Lydda, Diospoli

La città di Lod, Lydda in lingua greca, ha una storia che risale al periodo del Bronzo Antico. Viene ricordata tra le città del Canaan conquistate da Tutmosi III, a Karnak. Dista 3 chilometri da Ramleh, 25 chilometri a est di Tel Aviv, all'incrocio tra la via di Gerusalemme con la *Via Maris*. In epoca antica era una tappa obbligatoria delle strade del Canaan.

Settimio Severo rifondò Lod col nome di *Colonia Lucia Septimia Severia Diospolis*. In quel periodo vennero costruiti templi pagani, come riportano le effigie sulle monete. Giorgio di Cipro, testimone dell'età bizantina, aggiunse anche il nome cristiano di Georgiupoli, cioè la città di san Giorgio.

Nell'Antico Testamento Lod compare nei testi legati al periodo della ricostruzione postesilica. In Esdra 2,33 e Neemia 11,35 leggiamo che «uomini di Lod, Hadid e Ono ritornarono a casa».

Ai tempi del Nuovo Testamento si registra la visita di Pietro a Lydda per guarire Enea, il paralitico (At 9,32-35). Una tradizione apocrifa fa risalire l'evangelizzazione di Lod a Zeno, uno dei 72 discepoli di Gesù e compagno missionario di san Paolo. Secondo questa tradizione san Zeno divenne il primo vescovo di Lod.

La città romana mostra segni di ricchezza e benessere socia-

le. Nel 1996 è stato scoperto il mosaico di una villa romana di grandi dimensioni. Il mosaico misura 9 x 17 metri, ed è diviso in due tappeti maggiori da una striscia trasversale. I motivi presenti nel disegno sono l'anfora con la vite, la nave e i grandi pesci del mare, gli uccelli dell'aria, e moltissimi animali inscritti in rombi o esagoni, tra cui elefante, giraffa, rinoceronte, tigre, bufalo, leone. La fattura e i colori dei motivi rimandano a una scuola di mosaicisti molto esperti. L'opera viene datata alla fine del III secolo.

Nel tardo periodo romano nasce la memoria del martire originario di Lod, san Giorgio. La sua morte risale al 250 a Nicomedia; poco dopo le sue reliquie sono traslate e inizia la costruzione del suo sepolcro a Lod. Le notizie relative a san Giorgio sono riportate dai pellegrini a partire dal VI secolo: tra loro Teodosio (530), l'Anonimo di Piacenza (570) e Arculfo (670).

Prima di risiedere a Betlemme, san Girolamo si fermò parecchi mesi presso i rabbini di Lydda per conoscere i testi biblici in lingua ebraica.

Sulla tomba del martire Giorgio venne costruita la basilica del VI secolo, che oggi è diventata la moschea del villaggio.

Un altro pellegrino importante, Andrea di Creta (666), descrive

◄ Iconostasi

La splendida iconostasi della basilica di S. Giorgio.

▼ Nella cripta

Il cenotafio marmoreo di san Giorgio nella cripta della basilica crociata.

l'icona di Maria risalente agli Apostoli che era conservata nella basilica.

La città di Lod al tempo dei crociati era sede episcopale e centro di una signoria abbastanza grande che a sud arrivava fino a Iavne, mentre a nord toccava Mirabel (valle di Ayyalon).

Il monumento crociato principale era la basilica di S. Giorgio. Ma la città aveva anche molte chiese e conventi dedicati a san Giuseppe, san Giovanni Evangelista, san Abacuc, santa Caterina di Ghezer, santa Maria delle Tre Ombre, dei quali rimane memoria solo nelle fonti storiche.

In epoca crociata la basilica dedicata a san Giorgio fu costruita a est del sepolcro ed è divenuta proprietà dei greci ortodossi a partire dal 1873.

▶ **Teatro romano**

Panoramica sull'arena di Eleuteropoli (200 d.C.). È stata costruita artificialmente dentro una depressione naturale nel quartiere settentrionale della città. Il corridoio a volta che sostiene la cavea è lungo 170 metri.

BEIT JIBRIN E MARESHA

A ovest della Montagna di Giuda sorge una zona collinare con alcuni siti archeologici di grande interesse, città poste sulle principali vie di comunicazione tra il mare e l'entroterra. In epoca bizantina furono sede di fiorenti comunità cristiane.

LA SHEFELA

La regione collinare posta a ovest della Montagna di Giuda ha il nome di Shefela. Non va oltre un'altitudine di 400-450 metri. La si percorre oggi lungo una strada che attraversa boschi, pascoli e vigneti. Nella Shefela si trovano siti archeologici collegati a racconti biblici: Bet Shemesh, Tel Yarmut, Beit Jimal (Cafargamala), Beit Nattif, Khirbet Madras, Beit Jibrin, Maresha, Horvat Bet Loyah, Khirbet el-Qom (Maqqeda) e Lachish.

Questo ampio territorio è la patria di giudici (Sansone, di Zorea), di profeti (Michea, di Moreshet; Eliezer di Maresha) e di re (Erode il Grande, di Maresha). La regione fu colpita pesantemente dagli eserciti babilonesi che misero fine all'indipendenza del regno di Giuda. All'amarezza per la distruzione danno voce i Profeti, che piangono sul duro destino toccato alle città della Shefela (Mic 1,8-15; 2Cr 28-18).

◄ Nella chiesa bizantina

Il mosaico conservato al Museo Haaretz di Tel Aviv proviene da una chiesa di Beit Jibrin (VI secolo d.C.). È molto elaborato e ricco di dettagli interessanti.

▼ Da basilica a moschea

La navata settentrionale della basilica fu trasformata in moschea dopo la partenza degli ospitalieri. Un piccolo *mihrab* venne inserito nel muro divisorio verso la navata centrale, all'altezza del presbiterio.

Nel periodo del dominio persiano sulla Giudea (V-IV secolo a.C.) la Shefela conobbe una rinascita economica grazie alle sue ricchezze naturali, il terreno fertile e il clima mite. Queste condizioni favorevoli avevano attirato immigrati dai paesi vicini: fenici, filistei, edomiti, arabi, nabatei e naturalmente greci.

Tra il IV e il III secolo a.C. la Shefela cambiò il nome in Idumea insieme a tutta la Giudea meridionale. La capitale amministrativa dell'Idumea fu Maresha. In seguito alla conquista macedone (320 a.C.) nell'Idumea si impose la cultura ellenistica, che ha lasciato tracce molto consistenti di arte e di realizzazioni civili. Nel 129 a.C. Giovanni Ircano si impadronì della regione togliendola ai seleucidi.

In epoca romana (I-IV secolo d.C.) l'Idumea conobbe un nuovo periodo di grande svi-

BEIT JIBRIN

luppo economico, culturale e sociale. La capitale della toparchia (distretto) era diventata Eleuteropoli, che in traduzione significa la "città dei liberi".

Le due città di Maresha e Beit Jibrin si trovano all'incrocio delle vie di comunicazione tra la montagna di Hebron e la pianura costiera. Questa posizione

BEIT JIBRIN

▲ Croci a rilievo e colonne

Dettaglio delle due absidi (centrale e meridionale) della basilica crociata. Il pavimento della chiesa è ricco di marmi probabilmente ripresi dagli edifici di età bizantina. I pilastri sono decorati da colonne marmoree mentre le basi riportano ancora molte croci scolpite a rilievo.

◀ Folco, re latino

Navata nord della basilica crociata. Davanti si elevano le colonne della navata centrale. La basilica fu costruita per volontà di Folco d'Angiò (1337), re latino di Gerusalemme. Le misure sono 12 x 28 metri per l'intero edificio; la navata centrale è larga 5 metri, quelle laterali 3,5.

consentì ai due centri di rico-
prire un ruolo di primo piano
nell'area circostante in ogni epoca. Gli scavi archeologici hanno
restituito tracce imponenti delle
antiche culture sviluppatesi nella regione.

Beit Jibrin, Bet Guvrin, Eleutheropolis

Il sito archeologico di Bet
Guvrin-Eleuteropoli si presenta come un grandioso anfiteatro naturale, all'incrocio delle
strade che attraversano la Shefela. Eleuteropoli fu una delle
città più grandi della Palestina
di epoca romano-bizantina. Il
nome semitico è Bet Guvrin
(ebraico) o Beit Jibrin (arabo).
Divenne capoluogo dell'Idumea dopo la distruzione di
Maresha ad opera dei parti nel
40 a.C.

▼ Casa dell'olio

Interno della grotta con il frantoio per torchiare le olive. L'ingegnoso
sistema prevedeva lunghi tronchi tirati in basso da grosse pietre.

MARESHA

◀ Accesso

Maresha, ingresso
alla tomba dei sidonii.
La tomba presenta porta
di accesso, vestibolo e tre
aule per la deposizione
dei sarcofagi. I loculi
sono 41 del tipo detto
"a campana". Il sepolcro
fu studiato dagli inglesi
J. Peters e H. Thiersch nel
1905; nel 1993 le pitture
sono state restaurate.

◀ Grotte naturali

Interno della grotta
detta "della campana".
La collina intorno a
Maresha è costellata
di grotte naturali, alcune
di grandi proporzioni.
Nel tempo sono state
sfruttate in vari modi,
come rifugio in tempo
di guerra o come luogo
di lavoro.

Ricevette il nome di Eleuteropoli (*Colonia Lucia Septimia Severa*) verso il 200 d.C., quando l'imperatore Settimio Severo la elevò al rango di *polis*. Era abitata anche da una consistente colonia giudaica tra cui alcuni *amoraim*, cioè esperti della *Mishna* (II secolo d.C.).

In fase bizantina Eleuteropoli divenne ben presto cristiana e fu sede episcopale. Il primo vescovo fu Macrino, che prese parte al concilio di Nicea (325 d.C.). La storia cristiana di Eleuteropoli è ricca di personaggi e di avvenimenti di rilievo (si veda in proposito la cronaca dei 60 martiri di Gaza, 638 d.C.). Di Eleuteropoli era originario Epifanio vescovo di Salamina (315-403 d.C.), autore del *Panarion*, un trattato contro le eresie.

In epoca crociata il re Folco d'Angiò volle costruire la cittadella di Eleuteropoli come bastione protettivo di Gerusalemme (1134). La consegnò ai cavalieri ospitalieri, che la difesero fino all'arrivo dell'esercito di Saladino. I nuovi occupanti ayyubidi riusarono il castello e trasformarono la chiesa della città in moschea.

La ricerca archeologica sulle antichità di Beit Jibrin dura da

◀ Scena di caccia

Tomba dei sidonii, dettaglio delle pitture con scena di caccia al leone.
Sulle pareti si leggono molte iscrizioni, epitaffi, frasi, nomi greci
e semiti, date dei decessi.

▼ Stanza nobile

Interno della tomba dei sidonii con accesso alla stanza nobile.
Qui venivano sepolte le persone più importanti del gruppo familiare.
Il capo riconosciuto della colonia fenicia era Apollofane, che guidò
la comunità di Maresha per 33 anni.

◀ **Macina**

Macina d'asino
per frantumare
le olive.
(© Joshua Raif/Shutterstock)

più di un secolo. I primi ritrovamenti furono casuali. Si tratta di pavimenti mosaicati di epoca bizantina appartenenti a chiese e monasteri cristiani. Il più notevole dei mosaici è esposto al Museo Haaretz di Tel Aviv. Altri mosaici sono conservati all'interno del *kibbutz* di Bet Guvrin. La presenza di necropoli poste a est e a ovest del sito archeologico ha attirato da sempre la curiosità dei ricercatori. Sono state ripulite centinaia di tombe nelle quali si trovano molti modelli di sepoltura, numerose decorazioni e simboli religiosi. Data la composizione mista della popolazione di Eleuteropoli, sono riconoscibili segni pagani, giudei e cristiani.

Gli scavi regolari iniziati nel 1982 da A. Kloner hanno messo in luce il complesso di età crociata, che comprende la rocca residenziale fortificata e la basilica. La cittadella (in francese: Gibelet, Bet Gebeli, Gibelino) era circondata da un possente muro difensivo.

La scoperta principale è avvenuta sotto il livello crociato, dove è stato rinvenuto pressoché intatto un anfiteatro, un'arena destinata ai combattimenti dei gladiatori. L'arena, inaugurata al tempo di Settimio Severo (200 d.C.), fu dismessa dall'imperatore cristiano Arcadio (383 d.C.).

Maresha, Marisa, Tell Sandahanna

La collina di Tell Sandahanna viene identificata con la capitale dell'Idumea, Maresha. Dopo la scomparsa di Lachish, la città più grande della Shefela nel VI secolo a.C., Maresha ne aveva ereditato il ruolo di centro amministrativo. In questi termini ne parla Zenone di Alessandria, amministratore di Tolomeo II (259 a.C.), nei papiri che portano il suo nome. La descrive come centro vivace e ricco, a motivo dell'agricoltura fiorente (vino, olio), dei pascoli e dei commerci. Maresha diede i natali alla famiglia di Erode il Grande, divenuto poi il re dei giudei per volontà di Ottaviano Augusto (39 a.C.). Nella lotta per la successione al potere degli asmonei, Antigono, l'avversario di Erode, si era alleato con i parti, che nel 40 a.C. avevano saccheggiato e bruciato prima Gerusalemme e poi Maresha. Gli scavi di Maresha, eseguiti dai pionieri dell'archeologia biblica F.J. Bliss e R.A.S. Macalister (1898-1900), hanno messo in evidenza la città fortificata sulla cima della collina. Il perimetro urbano è circondato da ville, luoghi di produzione, tombe e molte grotte. Diverse cavità furono adattate a colombari e a impianti per la produzione di olio e di vino.

Negli anni Ottanta, sotto la direzione di A. Kloner, il Dipartimento delle Antichità di Israele ha ripreso l'esplorazione della regione di Maresha e ha realizzato un parco archeologico, meta di tanti visitatori.

La visita è limitata alla tomba dei sidonii e a quella dei musici, scoperte negli scavi del secolo scorso. Le pitture delle tombe offrono uno dei pochi esempi di arte ellenistica (III-I secolo a.C.) sopravvissuta in terra di Israele. Inoltre le iscrizioni testimoniano la presenza di una popolazione mista fatta di edomiti, arabi, fenici, nabatei e greci. Ad esempio, Apollofane, il patriarca della colonia dei sidonii, porta un nome greco (Apollo), ma è figlio di Sesmaio, che è un nome fenicio, mentre sua nipote si chiama Sabo, probabile nome nabateo oppure palmirene. Un altro nipote del patriarca porta il nome egiziano Ammoios. L'onomastica è molto varia: Ortas è nome macedone; Qosnatanos, Qosbanos, Qosram e Qosyad sono idumei; Meerbalos è fenicio; Demetrio, Kratone, Arsinoe, Berenice sono evidentemente greci.

La visita completa di Maresha richiede alcune ore: inizia dall'area delle grotte giganti ("la campana") e comprende alcuni edifici *extra muros*. Si procede attraverso la campagna tra resti archeologici e grotte non ancora esplorate. La grande basilica crociata dedicata a sant'Anna, che si staglia nel panorama di Maresha, non è stata ancora studiata.

TAYBEH E KHAN AL-AHMAR

Il villaggio di Taybeh, posto al margine del deserto che digrada a est verso la pianura di Gerico, conserva una importante memoria evangelica: qui Gesù avrebbe trovato ristoro prima della sua Passione. Benché l'identificazione sia ancora discussa dagli archeologi, la tradizione cristiana non ha dubbi. Come testimonia la presenza ancora oggi di una vivace comunità cristiana.
Ed è ancora la tradizione a condurci sui passi del profeta Elia e degli antichi monaci che fecero fiorire il deserto.

◀ Santuario di Elia
il Verdeggiante

La navata centrale
del santuario del Khader.
Il santuario è arrivato a noi
in cattive condizioni.
L'esame archeologico dei resti
fu eseguito da A.M. Schneider
(1931) e continuato
da B. Bagatti (1960).

Leggiamo nel vangelo di Giovanni (11,54): «Gesù non si mostrava in pubblico presso i giudei, ma andò in una regione presso il deserto, nella città chiamata Efraim, dove dimorò con i suoi discepoli». Una variante testuale che troviamo nel Papiro 66, un testo molto antico, omette il titolo di "città", e così riferisce l'espressione geografica in modo generico alla regione di Efraim. Non avendo dati archeologici a disposizione, seguiamo la discussione sulle varianti testuali del nome Efraim. Nei classici, cioè G. Flavio ed Eusebio di Cesarea, troviamo i toponimi Afarema, Efraim ed Efron. Nella Carta di Madaba ne leggiamo un altro ancora: «Efron, che è anche Efraia, dove venne il Signore». La lettura dei dati testuali consolida l'identificazione di Efraim

TAYBEH

144

Taybeh

▲ Il battistero monolito nella navata nord.

◀ Il villaggio di et-Taybeh visto dal santuario del Khader. Al centro del paese si vede il campanile della chiesa parrocchiale latina (1971). Sullo sfondo, il monte di Baal-Azor, dove si ritirò Assalonne (2Sam 13).

▶ La tomba di sant'Eutimio

L'area della basilica costruita a fianco della cripta sepolcrale con la tomba di sant'Eutimio; misura 13,8 x 25 metri e presenta il pavimento rifatto in epoca crociata con mosaici e marmi policromi. La prima chiesa fu costruita dal diacono Fido e consacrata dal patriarca Martirio nel 482.

Mosaici e cisterne

▼ Ambiente mosaicato attorno a una bocca di cisterna. Gli ultimi mosaici bizantini sono stati inseriti dopo il terremoto del 659.

KHAN AL-AHMAR

Sito archeologico

▲ Veduta d'insieme delle rovine di Khan al-Ahmar, il cenobio
di Sant'Eutimio il Grande. Il sito archeologico è stato inaugurato
il 7 maggio 2000.

(Gv 11,54) con il villaggio cristiano di et-Taybeh, che si trova 7 chilometri a est di Betel e 30 chilometri da Gerusalemme, su di una collina alta 870 metri.

Il dettaglio topografico di Gv 11,54 («una regione vicina al deserto»), molto probabilmente è un richiamo a quanto si legge in Gs 16,1 e 18,12 («seguendo il deserto che per la montagna sale da Gerico fino a Betel»). Questi due testi si riferiscono al confine tra le tribù di Beniamino e di Efraim, una linea che sale dalla valle del Giordano a ovest di Gerico verso la montagna di Taybeh. Ancora oggi un'ampia strada permette di scendere da Taybeh verso la valle del Giordano e raggiungere Gerico. Il villaggio di Taybeh si trova disposto su due colline. Su quella occidentale si adagiano le rovine abbandonate del castello crociato di Sant'Elia. Fu costruito dal nobile Bonifacio di Monserrat e donato a Baldovino IV, re latino di Gerusalemme. Le rovine sono in stato di completo abbandono e si visitano a proprio rischio e pericolo.

Sulla collina orientale è cresciuto il villaggio moderno, che comprende tre chiese parrocchiali e un santuario risalente al periodo bizantino. Le parrocchie sono segno della forte presenza cristiana in questo villaggio palestinese. La chiesa greco-ortodossa è dedicata a san Giorgio. È stata costruita nel 1931 su resti di una precedente basilica bizantina. Di questa sono stati salvati frammenti di mosaico con iscrizioni mutile. In una resta il nome di "Ciriaco" legato a una invocazione di aiuto. All'interno della chiesa è conservato un battistero monolito a quadrifoglio del diametro di 80 centimetri e alto 80. La chiesa dei latini è dedicata al Salvatore (Gv 11,54) e alla memoria di Charles de Foucauld, che dimorò a et-Taybeh per un ritiro spirituale. La parrocchiale latina fu costruita una prima volta nel 1865 e poi fu rifatta più grande (15,50 x 28,40 metri) nel 1971. La chiesa greco-cattolica o melkita si erge sul versante orientale della collina del Khader.

Il santuario del Khader

Il santuario del Khader è sopravvissuto ma è molto diroccato. La figura del Khader (in arabo "verde") rimanda al profeta Elia, venerato come "il sempre verde". Le dimensioni del complesso sono in totale di 25 x 28 metri.

È composto da una chiesa centrale a tricora, con annesse due cappelle laterali a nord e sud, il nartece comune alle tre navate e una notevole scalinata di accesso dal lato ovest.

Il santuario è nato in epoca bizantina e di questa sono visibili l'abside centrale con le due absidine della tricora fungenti da transetto. Le facciate delle due cappelle laterali sono anch'esse di età bizantina. In epoca crociata il santuario era stato ricostruito e provvisto di un muraglione di cinta che lo protegge tutt'ora. Infine si notano le aggiunte e le riparazioni eseguite in epoca moderna: il luogo, infatti, è ancora oggi molto frequentato dai cristiani orientali. Una tradizione antichissima consiste nell'uccidere un agnello sulla soglia del santuario per sciogliere un voto, cui segue la distribuzione della carne alle famiglie povere.

Il santuario è ristretto alla chiesa a tricora, mentre la cappella di sud è da considerarsi l'aula per la liturgia. Nella navata meridionale si trova inserito un reliquiario in pietra, mentre nella navata nord si è conservato un battistero monolito, largo un metro e profondo 55 centimetri.

Tra le antichità registrate dai sondaggi moderni nei dintorni del villaggio si conta una tomba con sepolture del tipo a *kokhim* (forno), una tomba ad arcosolio, frammenti di ossuari, cisterne e ceramica romana del II e IV secolo d.C.

Nella visita a et-Taybeh viene inserita con beneficio dei pellegrini l'esperienza di una casa antica, detta la "casa delle parabole". È un esempio di abitazione araba tradizionale con il piano per le persone e quello degli animali e degli strumenti di lavoro.

Il cenobio di Sant'Eutimio il Grande

Domenica 7 maggio 2000 si tenne la solenne inaugurazione del sito archeologico di Khan al-Ahmar, identificato con l'antico cenobio di sant'Eutimio il Grande. Veniva così aperto al pubblico il cenobio che si trova al centro dell'insediamento industriale di Mishor Adummim.

Le rovine di Khan al-Ahmar distano 14 chilometri da Gerusalemme e 3 chilometri dal cenobio di Martirio (Khirbet Murassas). Eutimio era originario di Melitene, nell'attuale Turchia. Si stabilì dapprima alla laura di Fara verso il 405, dove

Complesso monastico

▲ La porta d'ingresso sul lato nord. Il muro di protezione non si è preservato completamente, perché i terremoti e le distruzioni violente hanno più volte raso al suolo il complesso monastico.

▶ Il lato orientale delle mura di protezione del cenobio di Sant'Eutimio. Il monastero è stato scavato negli anni 1928-1929 da D.J. Kitty, nel 1976-1979 da Y.E. Meimaris e nel 1987 da Y. Hirschfeld.

conobbe Teoctisto. Dopo cinque anni, scese con l'amico verso il *wadi* Mukellik, dove fondarono un cenobio. Poi sostò a Hyrcania (Khirbet el-Mird) e trascorse alcuni anni nel deserto di Zif (cfr. 1Sam 23,14) dove fondò il cenobio di Kfar Baricha (Aristobulia, oggi Khirbet Istabul).

Infine Eutimio ritornò nella pianura di Sahel e fondò la laura che porta il suo nome (Khan al-Ahmar, "il rosso"). Il primo nucleo del complesso monastico consisteva in una chiesa, una cisterna e alcune celle. La prima chiesa fu consacrata dal patriarca di Gerusalemme Giovenale il 7 maggio

429. Verso la fine della sua lunga vita, conclusasi il 20 gennaio 473, Eutimio chiese al diacono Fido di trasformare la sua laura in cenobio. I lavori furono conclusi dopo la morte del santo. La grotta nella quale era vissuto fu trasformata in cappella funeraria e divenne la cripta della chiesa superiore. Nell'anno 482 il patriarca Martirio consacrò la chiesa, il 7 maggio, anniversario della traslazione del corpo di Eutimio.

Una consuetudine particolare di Eutimio era di convocare tutti i suoi monaci per una Quaresima comunitaria. Tutti si ritiravano nella pianura della Buqeia a 3 ore di cammino verso est, dalla festa dell'Epifania fino alla domenica delle Palme. Essendo questo il periodo delle piogge, i monaci avevano la possibilità di trovare erbe amare e cardi per cibarsi.

Alla laura di Eutimio facevano riferimento molti monaci di ogni tempo. Nel 456 arrivò a Khan al-Ahmar il giovane Martirio. Dopo l'esperienza monastica Martirio fondò la sua lau-

ra a Maale Adummim, prima di essere eletto patriarca di Gerusalemme. Lo storico della Chiesa antica Cirillo di Scitopoli dimorò 10 anni a Khan al-Ahmar e scrisse la *Vita di sant'Eutimio* nel 557. San Giovanni Damasceno (730-740) e san Teodoro Studita (817) scrivevano agli abati del cenobio durante la crisi iconoclasta e altre dispute teologiche. Le notizie sulla storia del monastero di Eutimio proseguono con i pellegrini di epoca crociata, tra cui l'abate russo Daniele e il monaco greco Giovanni Focas. Il sito fu abbandonato dai monaci verso il 1250 e poi fu usato come caravanserraglio dalle carovane arabe che andavano in direzione di an-Nabi Musa, santuario musulmano che identificherebbe il luogo della sepoltura di Mosè.

Scavi e ricerche

Il sito di Khan al-Ahmar è stato esaminato più volte da D.J. Chitty (1928-1929), Y.E. Meimaris (1976-1979) e Y. Hirschfeld (1987). Il complesso forma un rettangolo irregolare di 55 x 65 metri. All'esterno del lato orientale si trova la grandiosa cisterna coperta a volte (12 x 18 metri) che serviva acqua non solo ai monaci, ma anche ai beduini e ai passanti sulla strada per Gerico. A sud del cenobio erano coltivati i giardini e gli orti della comunità monastica.

Il cenobio è stato ricostruito più volte: dopo la distruzione del 614 ad opera dei persiani, dopo il terremoto del 659, e infine in epoca crociata. Alcuni dei mosaici risalgono al VII e VIII secolo.

Il cenobio presenta al centro la cripta funeraria di sant'Eutimio mentre la grande chiesa mosaicata è spostata verso sud. La parte più antica del complesso è la cripta, che risale al periodo bizantino e misura 4,7 x 5,8 metri; fu identificata da D.J. Chitty nel 1928. Conteneva la tomba di sant'Eutimio circondata da quelle degli abati suoi successori, tra i quali Domiziano e Passarione. In età crociata sopra la tomba del santo fu rifatta una cappellina di 8 x 8 metri.

La chiesa (13,8 x 25,4 metri) addossata al muro orientale presenta il pavimento ricoperto da mosaici e marmi policromi. Solo la navata meridionale si è conservata quasi intatta, mentre quella nord è scomparsa. Le decorazioni sono varie, con disegni geometrici, fiori, trecce, animali ecc.

Dalla laura di San Saba a oriente dietro il monte c'è il monastero di Sant'Eutimio, alla distanza di 3 verste dalla laura; là è sepolto sant'Eutimio e molti altri santi padri e i corpi sono come vivi. Quel monastero è in una bassa vallata e lo sovrastano a una certa distanza montagne rocciose, era circondato da un muro e la chiesa era bella ed alta. Vicino c'era il monastero di San Teoctisto sotto la montagna a sud del monastero di Eutimio; e tutto ora è stato distrutto dai pagani (Daniil Egumeno, *Itinerario in Terra Santa*, 1106-1108).

Il pavimento in marmo della navata centrale risale alla fase crociata (XII secolo). Attorno alla chiesa sorgono varie celle monastiche e il refettorio. Sotto al pavimento della chiesa si trovano le tre volte della prima chiesa dove è stata trovata ceramica bizantina e araba. Da questo dettaglio si capisce che la chiesa mosaicata è stata costruita dopo il terremoto del 659. Elementi dell'edificio risalgono al periodo crociato, quando la struttura fu rimessa in funzione. Una seconda camera sepolcrale (2,4 x 8,5 metri) è stata scoperta da Y. Meimaris a est della tomba di Eutimio. Sul lato nord, dove si trova la porta d'ingresso di epoca crociata, rimane in piedi un settore del muro di cinta abbastanza ampio e una torre di guardia. Cisterne minori sono dislocate nei pressi del monastero.

Sant'Eutimio ebbe l'intuizione di prendersi cura delle tribù nomadi che vivevano nel deserto di Giuda. Allo scopo creò la "diocesi delle tende" o *perambolè*. Cirillo di Scitopoli scrive che vennero a lui 40 saraceni con a capo Aspebeto, fuggiti dalla Persia a causa di persecuzioni. Il figlio Terebone fu guarito da sant'Eutimio perciò tutta la famiglia di convertì e si fece battezzare. Aspebeto cambiò il nome in Pietro, fu ordinato vescovo e partecipò al concilio di Efeso (431). Maris, cognato di Aspebeto, divenne abate dopo Eutimio nel cenobio di Khan al-Ahmar. I monasteri cui facevano riferimento i beduini cristiani sono quelli di Fara, Khirbet Murassas, Khirbet al-Mird, della regione di Gerico, Deir Dosi e San Saba.

▶ Il golfo di Giaffa

Il promontorio di Giaffa, da cui si domina il panorama della città di Tel Aviv. Il golfo naturale formato da questo sperone di roccia ha garantito la vita del porto dal 2000 a.C. fino ad oggi. I grattacieli della città moderna si affollano a ridosso della spiaggia.

TEL AVIV – GIAFFA

La pianura alle spalle di Giaffa è stata fin dalla notte dei tempi un territorio ambitissimo, porta verso il mare per molti popoli, dagli antichi egizi agli asmonei, o per gli eserciti invasori (dai romani alle milizie musulmane). Una visita per toccare con mano la ricchezza culturale della terra abitata, secondo antiche credenze, dal dio marino Dagon.

NELLA TERRA DI DAGON

Il territorio compreso tra Giaffa e Dor è così descritto nell'iscrizione di Eshmunazar, re di Sidone (V secolo a.C.): «Il signore dei re [Dario I di Persia] ci ha dato Dor e Ioppa, le terre di Dagon nella pianura di Sharon». Nel IV millennio a.C. la pianura costiera era abitata da una popolazione che aveva raggiunto un elevato grado di cultura: ne sono testimonianza gli ossuari in ceramica trovati nella necropoli di Azor, 4 chilometri a est di Tel Aviv.

La "terra di Dagon", il dio marino venerato da molti popoli antichi, tra cui i filistei, rappresenta un settore dell'antica Via di Horo percorsa dai faraoni del II millennio a.C. per raggiungere la Siria. Lungo questa via sono transitati gli eserciti di Tutmosi III (1470 a.C.), di Sennacherib (701 a.C.), dei persiani (IV secolo a.C.), di Simone Maccabeo (1Macc 14,5.34; 2Macc 12,3-8), di Vespasiano (67 d.C.). Città come Gaza, Ascalon, Ashdod,

◀ **Miti e profeti**

Il porto di Giaffa riporta alla
memoria il mito di Andromeda
e la fuga del profeta Giona.

▼ **Lungomare**

La spiaggia
e il lungomare.
Sullo sfondo
il promontorio
di Giaffa,
con il borgo antico.

GIAFFA

Giaffa e poi Afeq e Dor erano le tappe principali di questa strada che Isaia 8,23 chiama *Via Maris*.

La pianura alle spalle di Giaffa, attraversata dal fiume Yarqon, è sempre stata lo sbocco della Giudea verso il Mar Mediterraneo. La storia dei legami di Giaffa con la capitale Gerusalemme è ben attestata. Il re Salomone fece scaricare a Giaffa il legno dei cedri del Libano per la costruzione del palazzo reale e

del tempio (2Cr 2,15). E lo stesso fu fatto all'epoca di Zorobabele (Esd 3,7).

Il profeta Giona fuggì a Giaffa per imbarcarsi verso Tarsis (Gio 1,3), e su questa stessa spiaggia fu rigettato dal pesce (Gio 2,11). Gli asmonei si impegnarono nella riconquista della città per garantirsi uno sbocco sul mare. Così pure Erode il Grande e i romani, da Vespasia-

▲ Faraoni

Il portale ricostruito del palazzo di Ramses II sull'acropoli. Posta lungo la *Via Maris*, Giaffa nel Tardo Bronzo era governata dai faraoni (cfr. Lettere di el-Amarna, Papiro Anastasi I).

▲ Epoca romana

Interno del piccolo museo ricavato nella piazza antistante il santuario di S. Pietro. Si notano i muri di una casa d'epoca romana bruciata nell'assedio di Vespasiano (67 d.C.).

◄ Sulle rovine dei crociati

Il convento e santuario dedicato a san Pietro (1650 e 1888).
La struttura è stata elevata sulle basi del castello crociato fatto costruire da Goffredo di Buglione e Luigi IX. La tradizione cristiana colloca qui vari episodi dell'apostolato di Pietro: la risurrezione di Tabità, l'ospitalità presso Simone il conciatore, la visione della tovaglia calata dal cielo. Da qui Pietro, chiamato dal centurione Cornelio, si recò a Cesarea dove accolse i primi pagani nella Chiesa.

▲ La Dea Madre

Piccola nicchia in ceramica proveniente dal cimitero filisteo di Yavneh (VIII secolo a.C.). La decorazione presenta la dea Asherah affiancata da due alberi della vita e da due altarini. Asherah è la grande madre semitica, presente in un grande numero di fonti.

no a Elio Adriano, furono sempre vigili a tenerla saldamente nelle proprie mani.

Giaffa, Ioppe

Giaffa significa "bella", un titolo che la città merita ampiamente. Nata come porto commerciale intorno al 2000 a.C., divenne un punto di riferimento per le spedizioni militari egiziane. Giaffa è sempre ricordata nelle liste delle campagne militari egiziane, da Tutmosi III (1465 a.C.) a Ramses II (1280 a.C.).

Gli ultimi avvenimenti bellici di rilievo di cui è stata teatro risalgono all'epoca crociata, quando vi sbarcavano militari, pellegrini e commercianti provenienti dall'Europa. Goffredo di Buglione ricostruì le mura e consolidò il porto con l'aiuto dei pisani. Riccardo I d'Inghilterra e Luigi IX la fortificarono per opporsi a Saladino e Bibars.

▼ Ceramiche

Vasellame d'epoca filistea al Museo d'Israele di Tel Aviv. Fondato
nel 1953, il museo presenta sezioni dedicate a vari periodi storici.

▼ Nicchie

Piccola nicchia per custodire la statua della divinità. I due vasi
laterali sono per le offerte votive. Decine di piccole nicchie sono state
sepolte nel cimitero filisteo di Yavneh.

◄ **Moneta romana**

Moneta romana con la scritta
«Iudea Capta» (Giudea conquistata)
nel padiglione di numismatica del Museo
Nazionale di Tel Aviv. La moneta fu
coniata dopo la fine della prima rivolta
della Giudea contro Roma (66-72 d.C.).

La piccola insenatura ha fornito un attracco sicuro ai naviganti sin dal 2000 a.C. La rocca, oggi dominata dalla chiesa di S. Pietro, ha sempre colpito l'immaginazione dei visitatori per la sua bellezza. Non a caso è legata a leggende come quella di Andromeda, o a quella di Iopa, figlia di Eolo, il dio dei venti. Nel mito di Andromeda, la fanciulla è incatenata da Poseidone sulla roccia di Giaffa per essere divorata dal mostro marino, ma Perseo, figlio di Zeus e Danae, la libera e la sposa.

Agli inizi dell'era cristiana l'azione pastorale dell'apostolo Pietro si era estesa fino a Giaffa e Lidda. A Giaffa Pietro guarisce Tabitha («gazzella»; At 9,36-43). Nella stessa città, mentre era ospite di Simone il conciatore, l'apostolo ebbe la visione che lo incoraggiò a battezzare il centurione Cornelio (At 10,7-23). La chiesa, dedi-

cata a san Pietro, fu edificata dalla Spagna fra il 1888 e il 1894 sui resti medievali della cittadella risalente alla VII crociata (1251). All'interno della chiesa si possono ammirare le vetrate, realizzate a Monaco di Baviera da F.X. Zettler, il pulpito ligneo finemente scolpito e, sopra l'altare principale, il quadro del pittore catalano D. Talarn i Ribot che rappresenta la visione di san Pietro.

Dal 1650 esisteva a Giaffa un ospizio, tenuto dai francescani, per accogliere i pellegrini che sbarcavano qui per raggiungere i luoghi santi. A sinistra della piazza antistante la chiesa, un vicolo discende verso l'edificio detto "casa di Simone il conciatore".

Gli scavi di Giaffa non sono molto estesi. I sondaggi di P.O. Guy (1948-50) e successivamente di J. Bowmann-B.S.J. Isserlin (1952) e J. Kaplan (1955-1964) hanno messo in luce pochi resti risalenti al periodo ramesside, all'epoca persiana e al primo periodo romano.

Museo Nazionale, Tel Aviv

Sulla riva settentrionale del fiume Yarqon, nel quartiere di Ramat Aviv, si trova il grande complesso del Museo Nazionale di Israele (Eretz Israel Museum). È composto da diversi padiglioni che ripropongono le fasi della storia del Paese soprattutto in rapporto alle ricerche archeologiche, ma è posta attenzione anche agli aspetti sociali e alle attività delle varie culture che si sono succedute in terra di Israele dall'antichità fino all'epoca moderna.

Il visitatore si trova di fronte ai musei delle poste e dei vigili del fuoco; può visitare ambienti e aree adibiti alla presentazione dei lavori artigianali e agricoli, le sale delle arti e dei costumi, l'Acquarium, il Planetarium e alcuni padiglioni destinati a vari settori dell'archeologia: ceramica, numismatica, metalli, vetri.

Nei cortili del museo sono esposti vari reperti, dei quali alcuni trovati *in situ*. Ci si muove tra pavimenti musivi, macine e frantoi, vasche per il vino, colonne, capitelli e lastre di marmo con iscrizioni.

Spiccano per l'interesse che suscitano i resti della sinagoga samaritana del V secolo d.C. rinvenuti nel gettare le fondamenta del museo. Nel medaglione del mosaico pavimentale della sinagoga si legge l'iscrizione in greco: «Benedizione e pace su Israele e sul luogo [santo]. Amen».

Accanto si trova uno splendido mosaico proveniente da Bet Gubrin; è privo di iscrizioni ma è composto di riquadri molto elaborati e di ottima fattura. Proviene dal pavimento di una chiesa di età bizantina (V secolo d.C.).

Tell Qasileh

Nel perimetro del museo si trovano anche i resti imponenti di Tell Qasileh. La collina è stata abitata a più riprese fino all'epoca crociata. In base allo scavo condotto da B. Mazar (1948) l'area è stata occupata a fasi alterne: dopo il primo insediamento del XII secolo a.C. si trovano strati del periodo del Ferro II (VII secolo a.C.), romani (II-III secolo d.C.) e poi crociati.

L'interesse principale è rappresentato dal contiguo insediamento filisteo risalente alla fine del Tardo Bronzo. Il fiume Yarqon permetteva l'attracco delle navi e quindi la collina di Tell Qasileh fu scelta da questo gruppo etnico appartenente ai Popoli del Mare per un tentativo di occupazione stabile. Del villaggio filisteo è visibile l'impianto di una serie di quartieri domestici e del santuario.

Negli anni 1982-1984 Amihai Mazar ha ristudiato lo scavo del padre Benjamin e ha cercato di ricostruire la storia occupazionale del santuario filisteo (8 x 14,50 metri). Ma questo complesso emblematico non ha ancora svelato tutti i suoi segreti. La fondazione risale agli inizi del XII secolo a.C.; in seguito il tempio fu ingrandito per

▼ Reperti

Silos per la conservazione dei cereali di epoca israelitica (VII secolo a.C.). Dallo scavo di Tell Qasileh proviene molta ceramica filistea pitturata, con forme (zoomorfe, antropomorfe, crateri, *kernoi*, versatoi, *rithon* ecc.) estranee alla tradizione locale.

TELL QASILEH

▲ Scavi

Un'abitazione filistea dell'XI secolo a.C. del tipo "a quattro stanze".
A Tell Qasileh sorgeva un santuario forse dedicato al dio Dagon.
Iniziati nel 1948 da Benjamin Mazar, gli scavi del sito sono stati
completati negli anni 1982-1984 dal figlio Amihai.

due volte, nel XII e nell'XI secolo a.C. Un incendio devastò l'edificio prima del 1000 a.C. e l'intero villaggio fu abbandonato. Le parti superstiti e caratteristiche del santuario sono i muri in mattoni, le colonne, le due sale destinate a una coppia di divinità, la piattaforma per la statua di Dagon, l'altare dei sacrifici, le bancate per i vasi delle offerte, le pareti intonacate, i pavimenti in terra battuta. Nella sala-deposito sono stati trovati decine di vasi cultuali decorati finemente, coppe, *rython*, incensieri, figurine femminili piangenti, coppe zoomorfe.

Le decorazioni sono di origine micenea e comprendono uccelli con la testa girata all'indietro, pesci, spirali, croci maltesi, lingue, rombi, cerchi, palme e loti. L'archeologo ritiene che nel tempio di Tell Qasileh ci siano le prove dell'innesto della cultura originaria micenea con quella cananea locale.

ARAD E MAMPSIS

La collina di Arad (570 metri) domina il Neghev centrale, dove termina la Montagna della Giudea. Sulla sua sommità sono state scavate due città, una risalente al Bronzo Antico (3200 a.C.) e una al periodo israelitico (1000-586 a.C.). Poco lontano è possibile visitare la città nabatea di Mampsis, con alcune preziose memorie cristiane.

◀ Arad

Strada e ingresso alla reggia di Arad cananea.

Sullo sfondo, verso il Mar Morto, si notano i grattacieli della moderna città di Arad, noto centro di cure e di convalescenza. La combinazione dell'aria del deserto con le correnti che risalgono dal Mar Morto è benefica ed efficace per il recupero della salute. Ma intorno al sito ancora oggi vivono le famiglie dei beduini del Neghev, che prolungano una vita ancestrale anche se con evidenti adattamenti alla civiltà moderna.

Il clima della zona di Arad è particolarmente inospitale. Sia il freddo sia il caldo sono feroci e la pioggia non è mai sufficiente. Nel deserto di Arad sono ambientate alcune tradizioni dell'Esodo. Nel libro dei Numeri (21,1-3) si fa memoria di una battaglia di Mosè contro i cananei del Neghev avvenuta tra Horma e Arad. Nella Scrittura si ricorda anche un'invasione attribuita al faraone Shisaq nel X secolo a.C. (1Re 14,25-28). Infine nel territorio di Arad, insieme ai figli di Giuda (Gdc 1,16), si insediano i figli di Hobab, il secondo nome di Ietro, suocero di Mosè. La collina meridionale di Tel Arad è stata scavata da R. Amiran negli anni 1962-1978. Le scoperte sono molto utili per lo studio della preistoria del Neghev. Negli ultimi secoli del IV millennio a.C. vi sorse un villaggio di minatori che sfruttavano

ARAD

le grotte naturali. Il villaggio nel tempo divenne una città fortificata dotata di pozzo, mura difensive, porte monumentali, edifici pubblici e un santuario.

Il centro prosperò per alcuni secoli grazie all'estrazione dei metalli e delle pietre preziose nel Neghev e nella valle dell'Arabah (3200-2700 a.C.). Il faraone Nar Mer (I dinastia) la conquistò e la distrusse per impossessarsi dei tesori della regione. Questo intervento si può considerare il primo atto di imperialismo dell'Egitto verso la regione del Canaan. Tale conquista è diventata punto di riferimento per stabilire la cronologia della storia del Canaan in rapporto alle dinastie egiziane. I ritrovamenti

◀ La conquista del faraone

Il tempio del Bronzo Antico con la stele (*massebah*). Il centro prosperò per alcuni secoli grazie all'estrazione dei metalli e delle pietre preziose nel Neghev e nella valle dell'Arabah. Infine venne conquistato dal faraone d'Egitto Nar Mer, bramoso di impossessarsi dei tesori della regione.

più importanti all'interno di Arad sono la reggia e il tempio.

La cittadella israelitica

La collina nord di Tel Arad è stata scavata da Y. Aharoni negli anni 1962-1967. Gli scavi e i restauri sono continuati fino ad oggi. C'è da rilevare che non sono pochi i punti ancora incerti e che alcune teorie e interpretazioni non sono soddisfacenti. Si spera che gli scavi più recenti producano risultati che permettano di ricostruire una storia del sito più sicura, in particolare le fasi dello sviluppo dell'area sacra.

Verso il X secolo a.C. vi fu costruita una fortezza (50 x 50 metri) per la protezione della strada che congiunge Hebron a Beer Sheva. L'importanza strategica di Arad è testimoniata sia dal ritrovamento dell'archivio di Eliashib, l'ultimo comandante militare di Arad (586 a.C.), sia, in un'epoca più recente, dalla presenza di una fortezza del *Limes Palaestinae* operativa sino alla fine dell'età bizantina.

Probabilmente nel IX secolo a.C., all'interno del forte fu costruito un santuario. Nel campo dell'archeologia tale scoperta è una delle più interessanti mai fatte in Israele. Si tratta di un recinto

◀ Sistema di difesa

La porta inserita nel lato occidentale della cinta difensiva. Il muro, largo 2 metri e difeso da torri quadrate e circolari, proteggeva la città del Bronzo Antico dalle incursioni dei nomadi. Arad ha sempre avuto rilevanza strategica.

▶ Riserva idrica

Il pozzo scavato ai piedi della collina garantiva la raccolta delle acque piovane. Fu rifatto l'ultima volta in epoca romana, quando serviva la guarnigione militare.

◀ Antiche battaglie

Case dell'epoca del Bronzo Antico a Tel Arad. La città è la più antica della regione del Neghev. Tra i vari episodi ambientati nella regione, il libro dei Numeri (21,1-3) racconta di una battaglia di Mosè contro i cananei del Neghev.

sacro (10 x 12 metri) diviso in tre settori. A partire da est si trovano: il cortile esterno con l'altare dei sacrifici (2,5 x 2,5 metri), l'aula per i leviti e la nicchia (*debir* o *sancta sanctorum*), spazio riservato alla divinità. Tale nicchia, di dimensioni ridotte (1,20 x 1,20 metri), è rialzata di tre gradini e ospita due piccoli altari per i sacrifici minori; a ridosso della parete occidentale conserva due stele sacre (*massebot*). Alcuni oggetti rinvenuti nell'edificio sa-

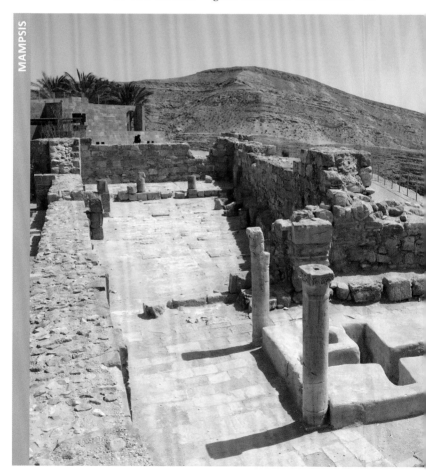

MAMPSIS

cro, tra cui piatti per le offerte, un cratere con la scritta «sacro ai sacerdoti», e le iscrizioni dell'archivio fanno pensare a un tempio israelitico dismesso nell'epoca della riforma di Giosia (620 a.C.). La presenza delle stele e

▲ Battistero

Una colonnina di sostegno al ciborio del battistero di Mampsis.
Dopo il periodo romano, a partire dal V secolo circa, la popolazione di Mampsis divenne cristiana e sui templi pagani furono costruite le chiese.

◀ A forma di croce

Il battistero cruciforme della chiesa di Mampsis. Al massimo della sua espansione il perimetro urbano conteneva all'incirca 1.500 abitanti.
La città risale al I secolo a.C. ed è tra gli ultimi centri urbani fondati dai nabatei nel Neghev.

dei due altari permette di ipotizzare l'esistenza della pratica di un culto rivolto a due divinità, a una coppia, delle quali la divinità femminile era Asherah. Questo culto sarebbe stato abbandonato in seguito alla riflessione profetica. Il tempio israelitico di Arad prova che la religione dell'antico Israele si è affrancata gradualmente dai culti cananei per approdare al monoteismo.

Tra le iscrizioni degli ostraca di Arad sono ricordate le famiglie sacerdotali di Meremoth, di Pashur e i Figli di Core autori di alcuni salmi.

Mampsis dei nabatei

A 40 chilometri da Be'er Sheva, sulla strada che da Dimona porta al Mar Rosso, si incontra una cittadina nabatea: Mampsis. Al massimo della sua espansione

◀ Stalle

Le stalle del palazzo orientale: sono un esempio notevole
di architettura nabatea.

▼ Santi martiri

Presbiterio e abside della chiesa dedicata ai santi e martiri di Mampsis,
che si trova sull'acropoli. Ha tre navate con pavimento mosaicato
e un battistero.

il perimetro urbano accoglieva all'incirca 1.500 abitanti. La città risale al I secolo a.C. ed è tra gli ultimi centri urbani fondati dai nabatei nel Neghev. Abili commercianti e militari, dotati di un raffinato gusto artistico, i nabatei occuparono il deserto del Neghev a partire dal IV secolo a.C., per aprirsi vie di comunicazione verso il Mediterraneo. Trasportavano le merci prezio-se che arrivavano al golfo di Aqaba dall'India e dalle Arabie. Mampsis era collegata alla valle dell'Arabah e quindi a Petra dalla Salita degli scorpioni.

Il fianco meridionale di Mampsis è protetto da un profondo torrente scavato dalle piogge. Mediante sbarramenti e canali l'acqua piovana era raccolta e sfruttata per i bisogni degli abitanti, per l'allevamento e l'agri-

177

▲ **Mosaico**

L'iscrizione nel mosaico della chiesa occidentale ricorda Nilo, il «costruttore del luogo santo». La chiesa occidentale è più piccola rispetto a quella dei Santi e dei Martiri.

◄ **Diga**

Il torrente di Mampsis. Lo sbarramento costruito dai nabatei permetteva di raccogliere tutta l'acqua delle piogge invernali. I nabatei erano anche esperti agricoltori, come dimostrano i resti di coltivazione dell'olivo, della vite, dei melograni.

coltura. I nabatei erano infatti anche esperti agricoltori, come dimostrano i resti di coltivazione dell'olivo, della vite, dei melograni e di altri frutti che si trovano nei dintorni della città.

Dopo il periodo romano, a partire dal V secolo d.C. circa, la popolazione di Mampsis divenne cristiana e sui templi pagani furono erette le basiliche cristiane. La città fu esplorata a più riprese ma è stata scavata regolarmente a partire dal 1965 da A. Negev. Gli edifici maggiori sono stati ripuliti insieme a due chiese decorate con mosaici. I palazzi di Mampsis sono esempi notevoli dell'architettura nabatea. Comprendono terme, stalle e installazioni per la produzione di olio d'oliva. All'esterno della città si è conservato un caravanserraglio destinato ad alloggiare i cammelli.

La chiesa sull'acropoli era dedicata ai santi e ai martiri, come dice l'iscrizione posta davanti al presbiterio. La basilica misura 15 x 27 metri ed è monoabsidale; ha due stanze quadrate che fiancheggiano l'abside (sacrestie o *pastophoria*) e che attestano la datazione antica dell'edificio, risalente probabilmente alla fine del IV o all'inizio del V secolo

d.C. Davanti all'altare c'è un pavimento quadrato a mosaico con semplice decorazione geometrica, ma con al centro una grande croce di Malta inserita in una doppia cornice. La chiesa ha tre navate con pavimento musivo e nel settore meridionale presenta un battistero cruciforme molto profondo, completamente scavato nel pavimento. Tale profondità è anomala per un battistero bizantino in Palestina. La presenza delle basi di pilastrini lascia intendere che la vasca battesimale era coperta da un ciborio.

La chiesa occidentale è più piccola (10,5 x 15 metri) e conserva anch'essa mosaici con iscrizioni. L'iscrizione dedicatoria ci informa che il costruttore si chiamava Nilo, nome diffuso nella *Provincia Arabia* e nella *Provincia Palaestina Tertia*. Altri nomi ricordati sono Ireneo e Zenobio. Le mura della città, ricostruite per lunghi tratti, risalgono al tempo di Diocleziano (300 d.C.). Dai tre cimiteri di Mampsis provengono molte iscrizioni funerarie romane e bizantine. Tra i notabili sono ricordati un centurione della *Legio III Cirenaica* e un cavaliere della *Coors I Augusta Tracum*.

BE'ER SHEVA
TELL ES-SABA

Sito di grande importanza nelle vicende dei patriarchi, descritte dal libro della Genesi, Be'er Sheva, chiamata anche "la capitale del Neghev", fu assegnata alla tribù di Giuda. Nell'Antico Testamento è anche menzionata come confine meridionale della Terra d'Israele, secondo l'espressione «da Dan a Bersabea». Durante l'occupazione romana fu sede di una guarnigione militare, a motivo della sua importante posizione strategica, e in epoca cristiana fu sede vescovile.

Distrutta durante l'invasione araba (VII secolo d.C.), riprese vita all'inizio del XX secolo nella forma di un piccolo villaggio beduino.

Oggi è la quarta città israeliana per importanza, dotata di moderne infrastrutture e una rinomata università.

◀ Tell es-Saba

Panorama dall'alto sulla zona della porta monumentale e la strada che sale al centro della città. In primo piano i depositi pubblici dell'ultima fase di vita della città israelitica, dal X al VI secolo a.C.

Distante da Gerusalemme circa 80 chilometri, Be'er Sheva è adagiata su di un pianoro a 240 metri sul livello del mare. Centro strategico del Neghev, a metà strada tra il Mediterraneo e il Mar Morto, da sempre è il punto di riferimento delle vie di comunicazione che dalla Giudea proseguono verso il Sinai, il Mar Rosso e l'Egitto.

L'Antico Testamento ambienta le tradizioni dei Patriarchi nel Neghev di Be'er Sheva. Abramo percorre tutta la Terra promessa da Sichem a Betel fino al Neghev, dove pianta le tende (Gen 12,9). La fondazione di Be'er Sheva è associata al patto tra Abramo e Abimelech, re filisteo (Gen 21,22-33). A questo e a un altro racconto simile, che ha per protagonista Isacco (Gen 26,26-33), viene fatta risalire l'etimologia del nome della città, che conta almeno due versioni in base alla traduzione della seconda parola ebraica: "pozzo dei sette" (riferito probabilmente alle agnelle offerte da Abramo ad Abimelech) o "pozzo del giuramento" (dal termine ebraico *shvu'a*).

TELL ES-SABA

Su richiesta di Sara, Abramo allontana la schiava Agar, dalla quale ha avuto il figlio Ismaele, verso il deserto di Be'er Sheva (Gen 21,14): Ismaele sarà salvato e diventerà il padre di 12 tribù (Gen 25,12-18).

In Gen 26,23-33 anche Isacco dimora tra Be'er Sheva e Gerar e stringe un'alleanza con i filistei. Da Be'er Sheva inizia il viaggio che porta in Egitto Giacobbe e i suoi figli, chiamati da Giuseppe per fuggire dalla carestia che aveva colpito la terra di Canaan (Gen 46,1-5). In alcune formule la città di Be'er Sheva è indicata come il confine meridionale del regno di Davide (2Sam 24,2).

Contro la città si scaglia la predicazione profetica, a motivo della presenza di culto idolatrico (Am 5,5; 8,14). Sarà poi il re Giosia, nell'ambito della sua riforma religiosa, a ordinare la distruzione anche a Be'er Sheva dei luoghi sacri (*bemot*) destinati ad altri culti (2Re 23,8).

Tell es-Saba

A pochi chilometri dalla città moderna si visita Tell es-Saba,

Cisterna

▶ La scalinata di accesso al *sinnor*, il pozzo per l'acqua nel quartiere nord di Tell es-Saba. Conduce a un cunicolo che si allunga per circa 30 metri ed è dotato di cisterne scavate nella roccia.

◀ Un canale di alimentazione dell'acqua che portava al *sinnor* dall'esterno, sul fianco nord della collina.

posta sulla sponda nord del torrente di Be'er Sheva. La nostra visita si limita alla città di epoca biblica, mentre lasciamo per un'altra occasione quella alla città di età romana e bizantina. Quest'ultima si era sviluppata 7 chilometri a sud di Tell es-Saba, dove oggi è cresciuta la città moderna.

Su Tell es-Saba gli scavi hanno messo in luce la prima occupazione del sito, che risale al V millennio a.C. Si tratta di una cultura calcolitica caratterizzata da cunicoli per il riparo e le

▲ Abitazioni

Abitazione del tipo a quattro stanze, parzialmente ricostruita.

▲ Valle fertile

Panorama sul torrente di Be'er Sheva, che raccoglie le piogge
della Montagna di Giuda e confluisce nel torrente di Gaza formando
una valle molto fertile. Lungo il torrente si era sviluppata la cultura
calcolitica di Be'er Sheva, durata per tutto il V e il IV millennio a.C.

▲ Porta urbana

Esterno della porta urbana di Tell es-Saba, con il pozzo sulla sinistra.
Il pozzo ricorre nelle tradizioni patriarcali (Gen 21-26) dando
il nome alla città, il cui significato sarebbe "pozzo del giuramento"
o "pozzo dei sette".

attività di uomini che avevano sviluppato una cultura materiale molto raffinata. Venivano lavorati il rame, l'avorio e la creta. Utensili e oggetti preziosi ottenuti con questi materiali sono stati trovati in abbondanza. In avorio e osso venivano cesellate le statuine femminili, simboli del culto della maternità. Con la creta venivano modellati i cornetti e la zangola, un otre adatto alla lavorazione del burro. Gli abitanti erano bravi artigiani e praticavano il commercio. Le due forme di sussistenza prin-

◀ Depositi alimentari

Interno di un deposito pubblico ampiamente ricostruito.
L'amministrazione del regno di Giuda programmava la costruzione
di magazzini per la raccolta dei generi alimentari in tutte le città.

▼ Mura e colonne

Una tipica abitazione di Be'er Sheva (1000-586 a.C.) con le colonne
per sostenere il tetto. Si notano chiaramente le basi in pietra
delle colonne e quelle dei muri sulle quali erano allineati i mattoni
semi-essiccati.

cipali erano l'allevamento di capre e pecore e la coltura dei cereali, in primo luogo orzo e frumento. Le prime case erano interrate, a pianta triangolare e con una piccola abside, mentre in una seconda fase erano costruite in superficie su base fatta da sassi e mattoni. La cultura calcolitica è scomparsa misteriosamente alla fine del IV millennio a.C. per cause ancora sconosciute.

Il periodo di abbandono del sito durò fino al 1200 a.C., quando sulla collina di Tell es-

▲ **Altare per il culto**

Ricostruzione dell'altare dei sacrifici a quattro corna. Fu demolito dalla riforma di Ezechia (2Re 18,4-22) e riusato nella costruzione dei depositi.

Saba si stabilirono i primi nuclei di coloro che formarono la tribù di Giuda. L'insediamento semplice che prende la forma di un campo nomade è tipico della prima fase dell'insediamento di Israele in Canaan nei siti del Neghev, come Tel Masos, Tel Esdar, Tel Ira ecc. Sono state trovate le case a quattro stanze e i silos scavati nel terreno, ma nessun luogo di culto. Il villaggio non era provvisto di mura difensive, ma le case erano unite una all'altra in cerchio a formare una sorta di difesa.

La città israelitica

L'archeologo Y. Aharoni ha individuato su Tell es-Saba nove strati che vanno dal X al VI secolo a.C. Nel periodo dopo il 1000 a.C. la città si sviluppò seguendo la sommità della collina. Il centro urbano risulta così un cerchio allungato. Le stradine seguono cerchi concentrici, mentre le case e gli edifici pubblici sono disposti sui due lati delle strade. Le abitazioni erano costruite in mattoni semiessiccati posti su basi di pietra. La ricostruzione dei quartieri urbani mostra la funzionalità delle abitazioni, dotate di cisterne e di silos per gli alimenti. All'esterno della porta cittadina è stato scavato il pozzo che ha consentito la vita di Be'er Sheva lungo i secoli. Ma a nord della città si trova pure il *sinnor*, cioè il pozzo interno che mediante una scalinata permetteva di raggiungere l'acqua della sorgente. Un cunicolo lungo alcune decine di metri scavato nella roccia molto tenera conduce alle sorgenti alimentate dal torrente che scorre a Be'er Sheva. Alcune cisterne sono state scavate lungo il corridoio per accrescere la capacità di riserva dell'acqua.

La porta monumentale si trova inserita nel fianco orientale del muro difensivo, ed è formata dalla rampa esterna protetta da due torri e dalla porta interna a tenaglia. In parte si è conservato il selciato antico della strada di accesso, che nello slargo della curva crea una piazza abbastanza ampia. Sul fianco ovest della piazza si trovano i depositi pubblici dove sono stati trovati pezzi di altare riusato nell'ultima fase della città (VII secolo a.C.). Si tratta del corno di un grande altare sacrificale (che non è stato individuato) e di pietre della struttura sacra che stava nel santuario cittadino. Le misure dei reperti permettono di ricostruire l'altare dei sacrifici, alto 1,50 metri e largo 2,60. Il santuario di Be'er Sheva di cui parla Amos (3,14) sembra sia stato eliminato durante la riforma di Ezechia nell'VIII secolo a.C. (2Re 18,4-22).

Nei periodo postesilico Be'er Sheva fu rifondata in almeno tre fasi. All'epoca persiana (V secolo a.C.) appartengono 40 ostraca in lingua aramaica che presentano nomi israeliti, edomiti e arabi. In epoca ellenistica (III secolo a.C.) la collina fu occupata da un grande forte militare che in seguito fu ricostruito per accogliere le legioni romane (II-III secolo d.C.) del *Limes Palaestinae*. In età araba il forte militare fu usato come stazione delle carovane dei nomadi che attraversavano il Neghev.

NIZZANA E AVDAT

Snodo di traffici commerciali tra Sinai e Mar Rosso, il deserto del Neghev ha visto svilupparsi le espressioni religiose più antiche e interessanti del mondo biblico, dai culti antichi ai tempi israelitici.
Un viaggio nella culla dello yahwismo.

◀ **La scala verso il tempio**

L'acropoli di Nizzana.
Ben visibile in primo piano la "scala santa" del II secolo d.C. che saliva verso il tempio nabateo. In alto, la costruzione ottomana dell'ospedale militare (1914-1917).

CROCEVIA DEI POPOLI

Come già osservato in precedenza, la regione del Neghev (Darom, Naqab) costituisce, a motivo della sua posizione, il ponte o la via di comunicazione con il Mar Rosso e il Deserto del Sinai. Nel IV millennio a.C. era terra di esplorazioni e di passaggi commerciali, successivamente divenne il confine meridionale del regno di Giuda (X sec. a.C.) e infine il cuore della Nabatene (IV sec. a.C.) e della *Provincia Arabia* (106 d.C.).

Nonostante le popolazioni stanziate nel Neghev siano sempre definite nomadi, le realizzazioni artistiche e lo sfruttamento agricolo di un terreno arido, insieme alle costruzioni civili e militari, testimoniano la presenza di civiltà evolute succedutesi nel corso dei secoli. Amaleciti, madianiti, qedariti, giudei, nabatei, bizantini hanno lasciato testimonianze molto suggestive, messe in luce dagli scavi dell'ultimo secolo.

PATRIMONIO DELL'UNESCO

Dal 2005 la "Via dell'incenso", nel tratto che percorre il deserto del Neghev, è patrimonio dell'umanità. Con essa anche Avdat e le città nabatee di Haluza, Mamshit e Shivta, quattro fortezze e due caravanserragli. La "Via dell'incenso" consisteva in una rete di rotte commerciali lunghe più di 2.000 chilometri che servivano per il trasporto di franchincenso e mirra dalla Penisola arabica al Mediterraneo.

◀ Economia rurale

L'acropoli vista da ovest. Tutti i fianchi della collina di Avdat, disseminati di grotte naturali, sono stati occupati da abitazioni extraurbane, impianti industriali per lavorare olio e vino, ambienti monastici e necropoli. Il portico del tempio nabateo riusato nel nartece della cattedrale bizantina misura 23 x 90 metri.

▼ Croce a rilievo

In una grotta, riutilizzata come impianto industriale da monaci nel corso del VI secolo, è stata scolpita a rilievo una bella croce dipinta.

AVDAT

Terra difficile, poco ospitale, il Neghev ha visto svilupparsi tra le espressioni religiose più antiche e interessanti del mondo biblico. Le vie di passaggio, autentiche piste percorribili ancora oggi, sono disseminate di santuari e di resti religiosi. Si va dalle *massebot* del IX millennio a.C. fino alle testimonianze del Bronzo Antico (Har Qarqom). I santuari madianiti (Timna), edomiti (Eyn Hatzevah e Qitmit) e israeliti (Qadesh Barnea, Kun-tillet Ajrud, Horvat Uzzah, Tel Arad), inoltre, sono una prova tangibile che il Neghev è stato la culla dello yahwismo biblico.

Da Arad a Qadesh Barnea, da Avdat a Quntillet Ajrud, la presenza militare volta a proteggere le vie di comunicazione e il transito delle merci preziose dal Mar Rosso al Mediterraneo, è segnalata da numerose fortezze, riconducibili alle diverse epoche storiche e alle dominazioni che le caratterizzarono.

AVDAT

EYN AVDAT

Sulla parete di Nahal Tzin, la gola naturale che conduce alla sorgente perenne di Eyn Avdat, sono stati ritrovati quattro eremi, scavati nella roccia. Situate a 60 metri dal letto del *wadi* e a 40 dal bordo del precipizio, le grotte si raggiungono con i gradini scavati nella roccia dai monaci. Non essendoci cappelle per la preghiera, è probabile che i monaci utilizzassero come centro spirituale il *martyrion* di S. Teodoro, dove si recavano per la celebrazione comunitaria dell'Eucaristia.

AVDAT

▲ Architetture nabatee

Dettaglio di un'abitazione del quartiere meridionale, con archi di fattura nabatea per sostenere il piano superiore. La casa fu abitata ininterrottamente fino al termine dell'epoca bizantina.

◀ I resti dell'antica cattedrale

La cattedrale di Avdat occupa il settore nord-ovest del tempio nabateo. Un dettaglio interessante sono le colonne con mensola per appoggiare le travi di sostegno del tetto delle navate laterali. Le colonne sono state rovesciate a terra in un atto vandalico avvenuto qualche anno fa.

Avdat (Oboda, Khirbet Abdeh)

L'acropoli di Avdat è posta sulla sommità di una collina spaziosa e ben difesa. Dista 67 chilometri da Be'er Sheva, pochi chilometri da Sde Boqer – località nota perché vi risiedette e vi è sepolto David Ben Gurion – e dalla sorgente di Eyn Avdat. La città sorse nel corso del III secolo a.C. e fu dedicata al dio nabateo Zeus Oboda. I periodi di maggiore sviluppo del centro corrispondono a quelli del regno di Oboda III (30-9 a.C.) e Areta IV (9 a.C.- 40 d.C.). Al re Oboda III, deificato alla sua morte, fu dedicato il tempio nabateo, notizia trasmessaci dall'iscrizione posta dal suo successore Areta IV.

Avdat si trova sulla pista principale che collegava Petra e Aila

▼ **Le vigne nel deserto**

Impianto industriale per la lavorazione dell'uva. Il vino di Avdat era apprezzato nell'antichità. In tempi moderni gli scienziati israeliani hanno recuperato le tecniche dell'arido-cultura per la coltivazione della vite in zone desertiche come il Neghev.

AVDAT

▲ **Esempio d'arte bizantina**

Un accesso secondario al complesso monastico era garantito
da una scalinata e dalla porta nel lato meridionale dell'acropoli.
Il lintello della porta è decorato da un bell'esempio di arte
tardo-bizantina: leoni, rosette e colonne.

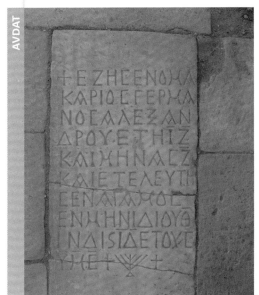

◄ **Testimonianza di fede**

L'iscrizione funeraria di Germano (550 d.C.) è incorniciata da alcuni simboli religiosi: la croce, che testimonia la fede cristiana, e una palmetta, che rimanda alla *menorah* ebraica. L'iscrizione funeraria più recente, che ricorda Kapito e l'abate Erasino, risale al 618 d.C.

con i porti del Mediterraneo. In base alla Tabula Peutingeriana, costituiva una delle stazioni militari più importanti del *Limes Palaestinae*. Questa linea, che partendo da Gaza passava per Elusha e Avdat nel Neghev, divenne confine della *Provincia Palaestina Tertia* nel corso del IV secolo. Gli scavi hanno portato alla luce l'abitato cittadino dentro e fuori dell'acropoli, le terme, le necropoli con tombe riccamente decorate, gli impianti industriali per il vino, l'olio d'oliva e la ceramica e, naturalmente, le strutture militari nabatee e romane. Un campo militare nabateo (100 x 100 metri) per cammelli e cavalli è rimasto pressoché intatto poco a nord dell'acropoli. La grande caserma dei *limitanei* (40 x 61 metri), a est del recinto sacro, fu ricostruita in più occasioni, al tempo di Diocleziano, Teodosio I e Giustiniano.

Tra le scoperte più importanti di Avdat sono da ricordare molte iscrizioni in lingua greca. Si leggono dediche per la torre meridionale, per il santuario nabateo e molte pietre tombali. Tra le tante, riportiamo quella pagana di Ireneo: «Buona fortuna. Zeus Oboda aiuta Eirenaios che ha costruito questa torre nell'anno

◀ **Un monastero finemente decorato**

Ai piedi della collina si trova un ampio complesso monastico, dotato di chiesa (con pavimento non mosaicato) e di un battistero decorato con marmi. I capitelli delle colonne richiamano i motivi tipici dell'architettura nabatea.

▼ **Convento femminile**

Sul fianco nord si trovano i resti di un cenobio femminile. Questo complesso monastico si può identificare con la *matronikia* (monastero femminile) menzionata in uno dei papiri di Nizzana.

188, con il costruttore Wailos di Petra e Eutiche» (l'anno della *Provincia Arabia* è il 294 d.C.).

Ad Avdat vi sono due chiese bizantine molto importanti, che sorgono a pochi metri dal tempio nabateo. Il *martyrion* di S. Teodoro (14 x 25 metri), il soldato martire di Aila, fu costruito nel corso del V secolo per sostituire il tempio nabateo, quando la città divenne cristiana. Ad esso era collegato un ambiente monastico. L'intestazione della chiesa quale *martyrion* di Teodoro compare nell'iscrizione funeraria di

NIZZANA

Zaccaria posta nella navata sud. La chiesa settentrionale (13 x 22 metri) fu realizzata verso la fine del IV sec., a ridosso del portico del precedente tempio nabateo. Sono ambedue basiliche di tipo monoabsidato.

Nizzana (Nessana, Auja el-Hafir)

I resti di Nizzana si trovano presso il confine meridionale di Israele con l'Egitto, 52 chilometri a sud di Be'er Sheva. La città fu fondata dai nabatei come caravanserraglio nel II secolo a.C., ma dovette trasformarsi ben presto in un insediamento permanente. Il periodo di maggior splendore di Nizzana fu certamente quello romano-bizantino. Nel II secolo fu costruita la "scala santa" che accedeva al tempio romano-nabateo da est. L'imperatore Diocleziano (280 d.C.) fece ricostruire la caserma per i *limitanei*. In epoca bizantina l'amministrazione ecclesiastica è documentata dai vari complessi cristiani.

Nizzana era un centro amministrativo importante a giudicare dall'archivio dei papiri ritrovato negli scavi di H.D. Colt (1934-1938). L'archivio contiene testi letterari, tra cui un frammento dell'*Eneide* di Virgilio, un dizionario greco per la stessa opera, alcuni capitoli del vangelo di Giovanni, frammenti dalle Lettere di Paolo, alcuni testi apocrifi (*Atti di san Giorgio, Lettere apocrife*

Erano un popolo arabo proveniente probabilmente dal nord della Penisola arabica. La Bibbia parla di Kedar e Nebaiot come dei primi figli di Ismaele (Gen 25,13) e nomina Nebaiot come fratello di Macalat, una delle mogli di Esaù (Gen 28,9). Il termine Nebaiot compare nel libro di Isaia come nome di una tribù nomade recatasi a Gerusalemme per offrire sacrifici al Dio d'Israele (Is 60,7). Un resoconto storico più accurato del popolo nabateo si ha a partire dalla fine del IV sec. a.C.

◀ **Pavimento mosaicato**

La chiesa settentrionale era dedicata ai santi Sergio e Bacco. Fu costruita nel V secolo; aveva il pavimento mosaicato e contiene un battistero posto nel nartece.

di Abghar, i 12 *Capitoli della Fede*). Tra i documenti amministrativi si contano 195 testi in greco e in arabo, che coprono il periodo dal 512 al 689 d.C. Tra essi ci sono registri di tasse, contratti di matrimonio e divorzio, atti di compravendita, documenti militari.

Nel grande fortino romano (35 x 85 metri, con 7 torri di guardia) erano stanziati i "fedelissimi di Teodosio" a difesa del *Limes Palaestinae* lungo la via tra il Neghev e il Sinai. Il forte di Nizzana è stato scavato da D. Urman (Ben Gurion University) a partire dal 1987.

La chiesa dei Santi Bacco e Sergio (10 x 19 metri), posta nel settore nord dell'acropoli, probabilmente sostituiva il tempio nabateo.

La basilica della *Theotokos* fu aggiunta nel VII secolo sulla collina sud, fuori dall'acropoli. Su uno dei capitelli è stato trovato inciso il nome *Theotokos* (Madre di Dio). Ai piedi della collina sono stati scavati da P. Figueras (1995) due monasteri, dei quali uno presenta una chiesa doppia.

Nel corso della prima guerra mondiale (1914-1917) Nizzana è stata un avamposto militare dell'esercito ottomano-germanico, dotato di una caserma e di un ospedale. L'intensa attività edilizia promossa dal governo turco portò alla distruzione di importanti resti. Tra questi un monastero ancora visibile agli inizi del XX secolo.

Sommario

Questo volume intende presentare agli studiosi e agli appassionati di geografia biblica un testo che sia insieme agile e documentato. Si inizia con i concetti extra-biblici (Canaan, Amurru) per continuare con i temi specifici della geografia biblica. La seconda parte riflette sui mutamenti della geografia storica del periodo postesilico, e raggiunge la nuova geografia storica di epoca romano-bizantina.

PIETRO A. KASWALDER OFM

COLL. MINOR 44
LA TERRA DELLA PROMESSA
ELEMENTI DI GEOGRAFIA BIBLICA

PAGINE: 246
PREZZO: EURO 22,50
ANNO: 2010

Un'opera di notevole interesse, capace di fornire informazioni dettagliate e precise sulla "terra delle genti" (Isaia), destinata a diventare "terra della luce" per l'umanità. Per ogni località esaminata è fornito un inquadramento storico-geografico, la cronologia e la situazione attuale degli scavi, un esame della relativa letteratura e una descrizione delle rimanenze in situ. Il testo è inoltre corredato da un ricco apparato iconografico e cartografico.

PIETRO A. KASWALDER OFM

COLL. MINOR 45
GALILEA, TERRA DELLA LUCE
DESCRIZIONE GEOGRAFICA, STORICA E ARCHEOLOGICA DI GALILEA E GOLAN

PAGINE: 342 ILL. B/N
PREZZO: EURO 27,00
ANNO: 2012

anche in
e-book

Il sussidio per i pellegrini nella visita ai principali santuari della Terra Santa. Per ognuno sono riportati:

– la lettura biblica di riferimento
– appunti della tradizione storica legata al luogo
– la cartina archeologica per orientarsi e ripercorrere le fasi storiche
– una proposta di preghiera da celebrare durante la visita
– suggestive immagini a colori
– orari di apertura e recapiti

GUIDE
SULLE ORME DI GESÙ
GUIDA AI SANTUARI
DI TERRA SANTA

PAGINE: 192 ILL. A COLORI
PREZZO: EURO 12,00
ANNO: 2013 (II EDIZIONE)

Completano il volume due cartine fuori testo, per localizzare i santuari a Gerusalemme e nel resto della regione.

anche in
e-book

Un itinerario a piedi in Galilea, articolato in 11 tappe che idealmente ripercorrono le strade calcate da Gesù durante il suo ministero.
La guida offre indicazioni utili al camminatore: i tempi e le distanze, le cose (essenziali) da portare con sé, i luoghi da non perdere, informazioni sugli alloggi e sui mezzi di trasporto e indicazioni sulle comunità cristiane che vivono in Terra Santa, per poterle incontrare durante il percorso. Al termine di ogni tappa, spunti di preghiera e riflessione a partire dalle Scritture legate ai luoghi attraversati.

SERGIO ROTASPERTI

Sacerdote dehoniano, è un esperto biblista e guida di Terra Santa: accompagna pellegrinaggi e route bibliche con gruppi scout.

GUIDE
DA NAZARET A CAFARNAO
TREKKING BIBLICO IN GALILEA

PAGINE: 136 ILL. A COLORI
PREZZO: EURO 14,90
ANNO: 2014

anche in e-book

Il Neghev è terra incognita per molti pellegrini che visitano Israele. Eppure esso è ricco di storia e di reperti archeologici risalenti all'epoca cristiana, dalla metà del IV sec. sino alla fine del VII. Il libro esamina i principali insediamenti bizantini portati alla luce dagli scavi, offrendo un resoconto completo delle scoperte relative all'archeologia cristiana.

PAU FIGUERAS

Ha insegnato Storia, Archeologia e Arte della prima età cristiana all'Università Ben Gurion del Neghev.

ANTICHI TESORI NEL DESERTO
ALLA SCOPERTA DEL NEGHEV CRISTIANO

PAGINE: 206 ILL. A COLORI
PREZZO: EURO 18,00
ANNO: 2013

anche in e-book

Una guida completa che accompagna il pellegrino nella visita alla Terra di Gesù e lo introduce alla conoscenza dei personaggi, dei luoghi e degli eventi. Ciascuna delle sezioni è dedicata alla descrizione approfondita delle tre regioni storiche della Terra Santa (Galilea, Samaria, Giudea), attraverso cartine, immagini e schede di approfondimento.

MARIO RUSSO CIRILLO

È direttore tecnico dell'Opera Napoletana Pellegrinaggi.

GUIDE
LA TERRA DELL'ALLEANZA
GUIDA AI LUOGHI SANTI ATTRAVERSO LA BIBBIA, LA STORIA, L'ARCHEOLOGIA E LA PREGHIERA

PAGINE: 714 ILL. A COLORI
PREZZO: EURO 36,00
ANNO: 2013 (II EDIZIONE)